兴隆华侨旅游经济区志

LOCAL RECORDS OF XINGLONG OVERSEAS CHINESE TOURISM ECONOMIC ZONE

海南省万宁市兴隆华侨旅游经济区志编纂委员会　编

图书在版编目（CIP）数据

兴隆华侨旅游经济区志 / 海南省万宁市兴隆华侨旅游经济区志编纂委员会编 .-- 北京：方志出版社，2018.11

（中国名镇志丛书）

ISBN 978-7-5144-3389-0

Ⅰ. ①兴… Ⅱ. ①海… Ⅲ. ①旅游经济—经济开发区—概况—万宁 Ⅳ. ① F592.766.4

中国版本图书馆 CIP 数据核字（2018）第 254251 号

· 中国名镇志丛书 ·

兴隆华侨旅游经济区志

编　　者：海南省万宁市兴隆华侨旅游经济区志编纂委员会
责任编辑：陈　菁

出 版 人：冀祥德
出 版 者：方志出版社
地址　北京市朝阳区潘家园东里 9 号（国家方志馆 4 层）
邮编　100021
网址　http：//www.fzph.org
发　　行：方志出版社图书经销中心
电话　（010）67110500
经　　销：各地新华书店
排　　版：北京纺印图文设计制作有限公司
印　　刷：北京中科印刷有限公司

开　　本：787 × 1092　1/16
印　　张：16.25
字　　数：342 千字
版　　次：2018 年 11 月第 1 版　2018 年 11 月第 1 次印刷

ISBN 978-7-5144-3389-0　定价：131.00 元

序一

习近平总书记指出："不忘历史才能开辟未来，善于继承才能善于创新……只有坚持从历史走向未来，从延续民族文化血脉中开拓前进，我们才能做好今天的事业。"中国优秀传统文化是在漫长的历史长河中历经无数次涤荡和沉淀而形成的思想精髓，蕴藏着无穷的宝藏和无尽的力量。发掘和继承优秀传统文化，是延续中华文明"根"与"魂"的必由之路。与时俱进，推动传统文化不断开拓创新，是中华文明常葆勃勃生机的重要保证。

"国有史，邑有志。"编修地方志是中国特有的文化现象，是中华民族的优秀文化传统。数千年来，连绵不断的志书编修为保护中华民族根脉，传承中华文明发挥了不可替代的作用。中国现存古志有 8000 余种，占现存古籍的十分之一。中华人民共和国成立以来，编修完成数万种省、市、县三级综合性行政区域志、部门志、行业志、专志等，编纂数万种地方综合年鉴、行业年鉴和专门年鉴等，整理出版数千种历代方志及相关研究成果，发表相当数量的方志理论与年鉴理论研究成果。这既是对我国国情、地情持续开展的大规模普遍调查，也是对各地自然与社会发展状况进行的综合研究，其成果构成了一座丰富的文化资源宝藏，为各级领导科学决策提供了重要参考，为推动经济社会发展和文化建设发挥了重要作用。

当前，中国特色社会主义进入新时代，全国地方志事业也进入新时代。如今的地方志事业围绕党和国家利益、经济社会发展，以人民为中心开拓创新，志、鉴、馆、史"四驾马车"并驾齐驱，志、鉴、馆、网、库、用、会、刊、研、史"十业并举"，加快实现在全国范围内全面推进地方志从一项工作向一项事业转型升级。在党中央、国务院的亲切关怀和各级地方志工作者的共同努力下，一批紧密结合社会发展需求、具有独特创造性的工作逐步开展，涵盖中国名镇志、中国名村志、中国名山志、中国名水志、中国名街志等"名志"系列文化工程是其中代表。作为首个"名志"系列文化工程的中国名镇志文化工程，启动于 2015 年，至今已是第三个年头。中国名镇志丛书在记述主体上，选择中国历史文化名镇、经济强镇、特色镇等在全国具有影响力和代表性的乡镇，旨在全面展示中国名镇的文化精髓；在内容题材选择上，重在突出不同名镇的“名”和“特”，力求集中体现不同名镇最精彩的部分，增强可读性；在志书编纂程序设置方面，志书申报、篇目设计、专家审读、专家组验收等流程环环相扣，紧密结合，力争把每一部志书都打造成精品佳志。

习近平总书记指出：“历史和现实都表明，一个抛弃了或者背叛了自己历史文化的民族，不仅不可能发展起来，而且很可能上演一场历史悲剧。”2018 年是改革开放 40 周年，40 年来中华大地发生了翻天覆地的变化，乡镇发生了极为深刻的改变，从粗茶淡饭到有机食品，从粗布衣裙到精美时装，从土屋平房到高楼大厦，人民生活水平大大提高，城乡差距不断缩小。然而，在感受辉煌成就的同时，我们也应该看到，许多精巧的古建、精湛的工艺、亲切的乡音、独特的乡俗也在快节奏的发展中与我们渐行渐远，曾经的家乡正逐渐变为记忆中的故园。

党的十九大报告提出乡村振兴战略，此后党中央、国务院又推出一系列重大举措。实施乡村振兴战略，必须全面加强乡村文化建设，培养乡村文化自信，培植文化之“根”，铸牢文化之“魂”。没有乡村文化的高度自信，没有乡村文化的繁荣发展，就难以实现乡村振兴的伟大使命。振兴乡村文化，既要塑形，更要铸魂，必须遵循乡村发展的客观规律，在发展中把文化的精髓保留下来，把乡土味道、乡村风貌的“魂”传承下去。在保留优秀乡村文化内核的基础上，用现代表现方式，把反映时代精神、先进理念的内容通过群众喜闻乐见的文化产品表达出来，才能够让乡土文化具有更强大的生命力。用创新性的模式书写乡镇志，传承和抢救乡土历史文化，激发爱国爱乡情怀，为探索中国特色新型城镇化发展经验、发展模式、发展道路提供历史智慧和现实借鉴，正是实施中国名镇志文化工程的目的和意义所在。

“月是故乡明”。中国人素有“家国情怀”，家乡的山水是最为美丽的，家乡的风俗是充满温暖的，一声亲切的乡音，一口熟悉的家乡菜，都能拨动游子的心弦，让其魂牵梦萦。中国名镇志丛书是一套全面梳理中国名镇历史人文，挖掘文化特色，突出“名”和“特”的镇志。它能让人民群众深刻感受到本土本乡自然的优美、历史的醇厚、人物的杰出、艺文的风雅等，有助于培养人民群众对家乡文化的自信，激发起人民群众浓烈的爱乡爱国情怀，助力国家新型城镇化建设和乡村振兴战略的实施。

是为序。

中国社会科学院院长
中国地方志指导小组组长　谢伏瞻

序二

连绵不断地编修地方志是我国特有的文化传统，为传承中华文明作出了巨大的贡献。在党中央、国务院的高度重视和支持下，这一古老的文化传统焕发勃勃生机，展现新的活力，成为保存、继承、发扬光大中华优秀传统文化的重要依托，培育和践行社会主义核心价值观的重要媒介，社会主义先进文化建设的重要组成部分，发展中国特色社会主义，增强道路自信、制度自信、理论自信的重要载体，在实现“两个一百年”奋斗目标和中华民族伟大复兴中国梦进程中具有不可替代的地位和作用。

事物总是在不断发展中前进。经过改革开放以来30余年的发展，中国特色地方志事业与传统的编修地方志已不可同日而语，形成了志（志书）、鉴（年鉴）、库（地情数据库）、馆（方志馆）、网（地情网站）、刊（期刊）、会（学会）、研（理论研究）、用（开发利用）等多业并举的新格局。截至2015年10月底，全国编纂完成首轮、二轮省、市、县志书8000多种，编修部门志、行业志、专业志、乡镇村志27000多种，编纂地方综合年鉴2300多种，累计整理旧志2500多种，还编纂出版了大量的地情书，字数以百亿计，形成以反映国情、地情为主要内容，全面系统、持续不断、卷帙浩繁的社会科学成果群。另外，还开通了27个省级网站、230个市级网站、816个县级网站；建成国家方志馆1个、省级方志馆16个、市级方志馆86个、县级方志馆近300个。这些成果，成为国家极为重要的文化资源，是国家文化软实力和公共文化服务体系的重要组成部分。

最近几年，地方志工作的触角在不断延伸，部门志、行业志、专业志、特色志、乡镇村志编纂方兴未艾，成为当前地方志事业发展新的增长点和亮点。特别是乡镇志，兴起了编纂热潮，从自发的民间行为逐渐过渡为政府组织的文化行为，有的省份以政府令形式将其纳入地方志编修范畴，像河南省还以省政府办公厅名义要求全省普修乡镇志。乡镇志并不是一个新生事物，据现有资料可考，宋代常棠所撰《澉水志》是现存最早的一部乡镇志。与省、市、县三级志书相比，乡镇志虽属小志，但意义却不小，特别是在当前国家全力推进新型城镇化建设的背景下，乡镇志的作用更显重要。

启动中国名镇志文化工程，是适应当前新型城镇化建设形势发展需要、地方志事业发展形势需要的重要举措，也是充分发挥地方志存史、资政、育人功能的重要手段。作为最基层行政组织的志书，镇志是最接近中国社会发展变迁的国情、地情记录文本，具有重要的历史文献价值。而作为充分反映本区域自然、政治、经济、文化和社会的历史与现状的资料性文献，镇志又能全面展示发展脉络，摸索发展经验，为探索中国乡镇未来发展方向提供借鉴和参考。当然，对于祖祖辈辈生于斯长于斯的中国人来说，故乡就是一个魂牵梦萦的地方，故乡的情怀终生难忘。留得住乡愁，记得住乡思，充分展示名镇文化魅力，激发爱乡、爱国情怀，正是中国名镇志文化工程题中应有之义。

是为序。

中国社会科学院原院长
中国地方志指导小组原组长　王伟光

序三

“国有史，邑有志”，中国自古就有注重编史修志的传统。按照我国目前地方志行政法规，国家各级地方志机构的法定职责是编纂省、市、县三级志书，并不包括县以下的乡镇志和村志。这种规定，一方面可能因为全国有数百万自然村落和数万乡镇，全部实行官修很难实现；另一方面可能因为我国历史上就有“皇权止于县”的说法，县以下的民间社会历来是一个以自治为主的领域。然而，改革开放几十年来，我国社会正在发生巨变，这种巨变在基层社会的乡镇、村落、家庭领域更为深刻。作为“乡之首，城之尾”的镇，逐渐被日益崛起的大都市淹没了光彩，村落在快速的城镇化过程中每天都在大量消失，农村家庭的小型化、空巢化趋势非常突出。在这种情况下，我一直在思考，如何留得住历史文化记忆和乡愁，如何把修志的工作向基层社会延伸？

中国人的“家国情怀”，是从“诚意、正心、修身”开始，到实现“齐家、治国、平天下”。所以从国家一统志，省、市、县三级志，到乡镇志、村志、家谱，也是一个完整的系统。

正是在这种背景下，我们决定启动中国名镇志文化工程。乡镇是无数中国人生命的底色和成长的摇篮。如何在城镇化进程中，留得住乡愁，记得住乡音、忘不了乡思，事关城镇化进程的人文关怀和文化保护，事关文化血脉的传承。同时，科学记录城镇化进程，反映城镇化成就，也为今后探索城镇化发展规律、积累经验提供了基本素材。作为全面系统记述一定行政区域的自然、政治、经济、文化和社会的资料性文献，志书是以上功能最好的载体。

我国目前有 4 万多个乡镇，全部修乡镇志还不具备条件。中国名镇志丛书选择的是传统文化名镇、历史军事重镇、革命历史名镇、民族特色名镇、特色经济名镇、旅游景观名镇等类型的乡镇，应该是最具代表性的，在中国乡镇文化传承和社会发展中具有标杆意义。

编纂中国名镇志丛书是对乡土历史文化的保护。随着城镇化进程加快，有不少乡镇被撤并，有些还是在历史上有重要意义的历史文化名镇、特色镇等。如不及时对其历史进行整理、记录，这些重要的历史资料将散佚殆尽。因此，中国名镇志丛书的编纂是对宝贵历史资料的抢救。

编纂中国名镇志丛书是对乡土意识的传承。什么东西有魅力？故乡的山水，乡音乡情的记忆，乡土的气息和家乡菜的味道，不管走到哪里，总是触动心弦。中国名镇志丛书记录的是家乡的山山水水，家乡的历史文化，家乡的风土人情，留住的是乡愁。这些最能激发远方游子和本地民众的爱乡情怀、爱国情怀。

编纂中国名镇志丛书是一种学术探索。镇志的编纂，实质也是一次深入的社会调查研究。“麻雀虽小五脏俱全”，相比省、市、县，乡镇第一手资料的获得需要付出更大的努力。我们也希望在志书编纂上有所创新，使中国名镇志丛书成为一套图文并茂、雅俗共赏的新型志书。

中国社会科学院副院长
中国地方志指导小组常务副组长
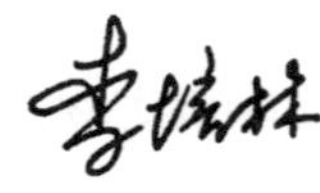

中国名镇志丛书编纂委员会

主　　任　李培林

常务副主任　冀祥德

副 主 任　邱新立

委　　员（按姓氏笔画排序）

毛志华　田　洪　刘文海　刘爱军　关树锋

贠有强　李云鹤　杨建林　杨洪进　吴凤端

何文俊　何伟志　汪德军　张军利　张志仁

陈华康　陈建春　陈　玲　陈秋平　易介南

洪民荣　高　煜　郭德成　梅　宏　梁金荣

鄢钢城　雷　湛　管仁富　廖运建　漆冠山

潘捷军

中国名镇志丛书编纂委员会办公室

主　任　冀祥德

副主任　邱新立

成　员　于伟平　杨海峰　陈　旭　李　江　王丹林

安　山　张　鹏　刘思鸣　陈　菁　刘　珊

兴隆华侨旅游经济区志编纂委员会

主　　任　林志飞

副 主 任　陈明源　张进春　李平颜　陈　友
　　　　　李光荣　陈海文

委　　员　赖武标　曾进贵　王家诚　黄世强
　　　　　钟运校　曾石花　李梅芳　王训书
　　　　　梁定威　戴海兴　符树辉　郭伟平
　　　　　符光泽　杨　郁　陈春艳　黄关民
　　　　　梁森奎　杜添江　杜燕生　陈宇锋
　　　　　符福胜　蓝日兴

兴隆华侨旅游经济区志编辑人员

特约编审　陈家传　陈星界

主　　编　张进春

副 主 编　王家诚　曾石花　曾进贵

编　　辑　王法庭　陈鸿远　蔡国红　伍君之
　　　　　谭本尧　陈　曼　黄子安　黄金龙
　　　　　黄水贤　张柳昆　崔开壮　牟美霞
　　　　　吴国侨

资料（含图片）提供　陈鸿远　杜燕生

初　　审　兴隆华侨旅游经济区志编纂委员会

复　　审　万宁市地方志办公室

日月湾

中国名镇志丛书凡例

一、以马克思列宁主义、毛泽东思想、邓小平理论、“三个代表”重要思想、科学发展观、习近平新时代中国特色社会主义思想为指导，坚持辩证唯物主义和历史唯物主义的立场、观点和方法，存真求实，全面、客观、系统记述中国名镇城镇化进程和改革开放成果，传承和抢救乡土历史文化，激发爱国爱乡情怀，留住乡愁，为探索中国特色新型城镇化建设、服务乡村振兴战略提供历史智慧和现实借鉴。

二、为全面反映入志事物发展脉络，各志上限追溯至事物发端，下限一般断至各镇志启动编修年份，个别重大事项可延至搁笔。详今明古，着重反映时代特色和地方特点，重点体现各镇的“名”与“特”。

三、记述地域范围以下限年份的行政辖区为主。为体现名镇在更大区域内的意义，可以从更开阔的区域视野记述与该镇相关的内容。

四、统一采用纲目体，设类目、分目、条目三个层次。横排门类，纵述史实，述而不论。

五、综合运用述、记、志、传、图、表、录等各种体裁，以志体为主。体裁运用适当创新，篇目设置不求面面俱到，一般意义上的乡镇级内容略去不载。

六、除引用文字和附录文献资料外，统一使用规范的现代语体文记述，行文力求朴实、严谨、简洁、流畅、优美，具有较强可读性。

七、人物部类遵循“生不立传”原则，人物传主按生年排序，只选录对本镇发展有重大影响的人物，不面面俱到。

八、各项数据一般采用国家统计部门数据。数据缺乏的，采用主管部门或主办单位正式提供的数据。

九、数字用法、标点符号、计量单位分别执行国家标准《出版物上数字用法》（GB/T 15835—2011）、《标点符号用法》（GB/T 15834—2011）、《国际单位制及其应用》（GB 3100—1993）和《有关量、单位、符号的一般原则》（GB 3101—1993）。历史上使用的计量单位，如斗、石、里、尺、磅、华氏度等，在引文时可照录。考虑到社会使用习惯，全书中亩不统一换算。

十、中华民国成立前的纪年，使用朝代年号纪年，括注公元年份；中华民国成立后的纪年，均使用公元纪年。志中所称“解放前（后）”，以该镇解放日为界；“新中国成立前（后）”，以中华人民共和国成立日 1949 年 10 月 1 日为界；“改革开放前（后）”，以 1978 年 12 月中共十一届三中全会召开为界。本志“××年代”，凡未加世纪者，均指 20 世纪。

十一、为节省篇幅，避免重复，本志采用条目互见法。参见条目的表示形式为：参见本志“××类目·××分目·××条目”。

十二、对旧志、古籍中的繁体字、冷僻字一般用简化字或通用字替换，易引起误解的则保留。

十三、记述各个历史时期的党派、机构、职务、地名等，均以当时的名称为准。对频繁使用的名称，首次用全称并括注简称，其后用简称。

十四、各镇志需要单独说明的事项，均在各自编纂始末中记述。

兴隆华侨旅游经济区在中国的位置

兴隆华侨旅游经济区在海南省的位置

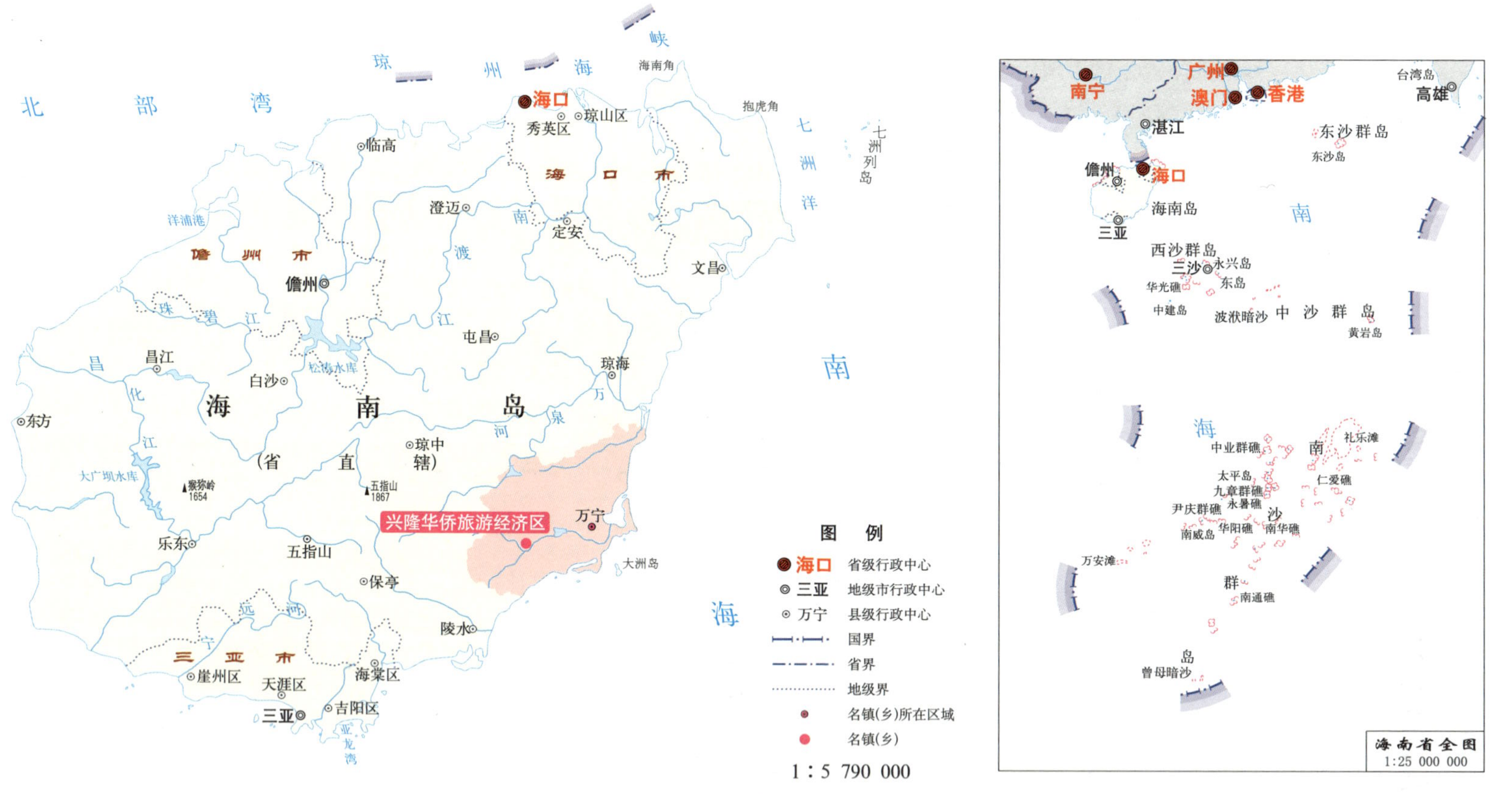

审图号：GS（2018）5807 号

兴隆华侨旅游经济区地图

审图号：琼 S（2018）031 号

兴隆全景图

兴隆国家森林公园咖啡谷

东线高速兴隆段

兴隆位于神奇的北纬 18°

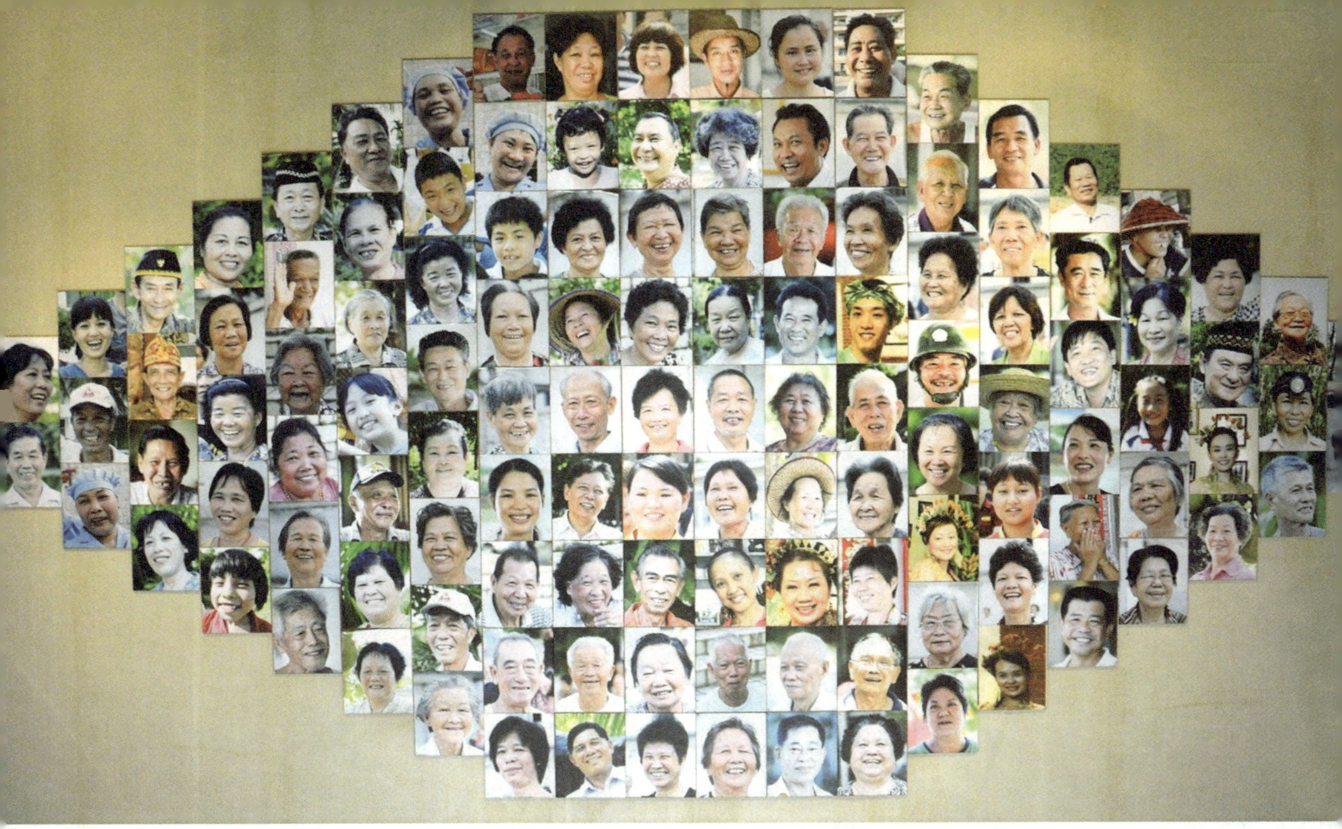

华侨历史展馆笑脸图

绿道骑行

巴厘村　　　　符思权　摄

兴隆街景

夕照日月湾

目录

北纬18°的兴隆

兴隆位于海南岛东南部，是全国各华侨农场中接收人员分布的国家最为广泛、安置侨胞人数最多的地方，是中国华侨农场的一面旗帜。这里独特多样的侨乡文化、百赏不厌的热带植物、香飘华夏的兴隆咖啡、清新宜居的康养环境，吸引着全国乃至世界的目光。

兴隆全称兴隆华侨旅游经济区（兴隆华侨农场），位于海南岛东南部，距海口148千米。这里自然资源丰富，热带风光旖旎。境内交通发达，是海南东部旅游线的中转站。截至2017年，区域内土地面积16.5万亩，常住人口约3.6万人。

1951年，先后有3批归难侨到兴隆安家，成立归难侨互助组。兴隆始建于1956年，时称兴隆华侨农场，直属中央人民政府华侨事务委员会、广东省人民政府侨务办公室、广东省华侨农场管理局管理。1988年4月，海南建省、办特区，兴隆华侨农场划归海南省侨务办公室（现海南省外事侨务办公室）管理。2005年，归属海南省国资委管理。2007年，实行体制改革，划归万宁市管理。2011年，成立万宁市兴隆华侨旅游经济区，设立中共万宁市兴隆华侨旅游经济区工作委员会和管理委员会，隶属中共万宁市委、万宁市人民政府，副处级事业单位，同时加挂万宁市兴隆华侨农场的牌子，实行“两块牌子、一套人马”，内设6个正科级行政管理机构，下辖17个直属单位。

兴隆贯彻中共十八届五中全会、中共十九大精神以及海南省委第七届会议和万宁市委十二届五次全会精神，按照万宁市委、市政府“一带两区三组团”（“一带”即109千米的海岸带；“两区”即万城片区、兴隆片区；“三组团”分别是以兴隆、日月湾、石梅湾、南燕湾、神州半岛旅游区为主的南部组团，以万城行政新区为中心的中部环小海组团，以山钦湾、山根湾旅游开发区为主的北部组团）的战略发展格局，以强化项目服务，促进区域经济发展，开展园区建设为重点，加快旅游产业转型升级，按照“稳增长、优结构、惠民生、保稳定”的总要求，突出园区建设、民生优先、生态保护，促使“园区变美，文化变特，旅游变强，百姓变富”，努力建设花园兴隆，打造旅游度假胜地，朝着“开放兴隆、绿色兴隆、幸福兴隆”目标奋进。

兴隆创建至今60多年来，先后得到近百位党和国家领导人的深切关怀。此外，还有越南民主共和国主席胡志明，柬埔寨王国诺罗敦·西哈努克亲王，密克罗尼西亚联邦总统约瑟夫·乌鲁塞马尔及前民主德国、波兰、匈牙利、前捷克斯洛伐克、保加利亚、澳大利亚等外国领导和贵宾到兴隆参观访问。

中国华侨农场的一面旗帜

兴隆是全国各华侨农场中接收人员分布的国家最为广泛、安置侨胞人数最多的地方。归难侨有来自马来西亚、新加坡、印度尼西亚、越南、文莱、印度、朝鲜、澳大利亚、柬埔寨、缅甸、老挝、美国、加拿大、法国、瑞典、英国、西班牙、荷兰、泰国等21个国家和中国香港、澳门、台湾等地区的同胞。在兴隆华侨农场选址之初，设计者们就已充分考虑，规划16万余亩土地作为兴隆发展的空间，在全国各大华侨农场中，兴隆的土地面积位居前列。来到兴隆的归侨们，满怀报效祖国的热情，开荒垦殖、重建家园，在60多年的艰苦创业中，取得巨大成就。第一棵可可树在兴隆培植成功，中国第一家咖啡加工厂在兴隆创办，香茅油的出口为国家换回大量外汇，橡胶的大面积种植使其成为中国战略储备物资的原料供应基地之一……兴隆已成为全国各大华侨农场中经济最为发达的农场，成为“全国华侨农场的一面旗帜”。

2004年，国家邮政局首次发行一套反映侨乡风貌的《侨乡新貌》系列邮票，这套邮票仅4枚，其中一枚选择的就是兴隆，兴隆从全国84个华侨农场中脱颖而出，幸运地成为一张“国家名片”。

独特多样的侨乡文化

兴隆有来自世界21个国家的13000多名归难侨，形成了独具特色的侨乡文化。建筑风格多样，有马来西亚高脚屋、缅甸古寨、印度尼西亚船型屋、越南民居等。特色服装有峇蒂和纱笼。饮食极具东南亚特色，有千孔糕、七层糕、糯米糕、情人糕、火红饼、椰香脆饼、咖喱鸡、咖喱蟹、巴东牛肉、沙爹肉片、咖哆咖哆等美味佳肴。归侨们能歌善舞，有印度尼西亚的盘舞、椰壳舞，马来西亚的鹿舞，泰国的南蓬舞，印度的蛇舞，越南的竹竿舞等舞蹈。侨乡文化吸引社会各界人士，作家、诗人、导演、歌星、舞蹈家、演员纷至沓来。电影《红色娘子军》《南海明珠》《海外赤子》和电视剧《郑和下西洋》《中国维和警察》等都将兴隆作为取景表演之地。著名书画家蔡若虹、吴冠中、关山月、黎雄才、林墉、陈衍宁、汤小铭、伍启中、陈洞庭、关则驹、陈金章、王维宝、方楚雄、汤集祥、林丰俗、麦国雄、关伟、来楚生、吴齐、罗平安、曾祥熙等更是在侨乡兴隆留下数十幅书画瑰宝。

百赏不厌的热带植物王国

兴隆地处神奇的北纬 18° ，汇集了山、海、河、湖、崖、石、岛、林八大自然景观，由植被覆盖率达 68.2% 的自然山体、湿地、农田、人工滨水绿地、道路绿地、防护绿地、公园等构成的生态化绿地系统，以及保存完好的低地热带雨林原始林，让游客们流连忘返。兴隆侨乡国家森林公园的建设，为系统保护和开发森林旅游资源，打造热带生物物种基地做出巨大贡献。

兴隆为热带作物宜种区，橡胶、胡椒、椰子、槟榔、益智、咖啡、可可、香草兰等热带作物的种植规模大、品质高。兴隆热带植物园是集科研、科普、生产、加工、观光和生物资源保护于一体的综合性热带植物园，是海南省十大重点旅游风景区之一，收集保存了 2300 多种独具特色的热带、亚热带植物，有 1200 多种珍贵或稀有的热带植物，是中国重要的“物种基因库”。兴隆热带花园是一个巨大的热带珍稀植物活体博览园，有超过 4000 种热带植物在这里保存、繁育，其中珍稀濒危植物有 65 种。

香飘世界的兴隆咖啡

兴隆地处热带、亚热带区域，雨水充沛，种植的咖啡醇香中带有水果味，很多品牌的咖啡原料都取自兴隆咖啡豆。周恩来总理称赞“兴隆咖啡是世界一流的，我喝过许多外国咖啡，还是我们自己种的咖啡好喝”，这一声评价，使得兴隆咖啡蜚声四海、香飘世界。在太阳河畔，前来兴隆的八方游客喝着现磨的兴隆咖啡，尝着椰香薄饼或东南亚美食小点，成为兴隆一道靓丽的风景。

兴隆华侨农场咖啡厂是“新中国第一家咖啡厂”，生产的“太阳河”牌兴隆咖啡是海南省名优产品，兴隆咖啡已成为兴隆人日常生活的必需品。兴隆咖啡选用的咖啡豆品种优良，炒制采用东南亚华侨传统工艺，特别重视掌握火候，先精心焙炒，再用小石磨耐心现磨，最后文火慢煮，既保留咖啡的原香原味，又香浓滑口、风味独特。香港资深美食家梁玳宁曾在香港报刊上发表文章《上帝赐给中国人的财富》，其在文中指出世界最好的咖啡不在世界咖啡王国巴西，也不在非洲的埃塞俄比亚，而是在海南的兴隆。

清新宜居的旅游康养胜地

兴隆华侨旅游度假区是海南省第一批旅游发展建设项目，自 20 世纪 90 年代初创办以来，以拥有丰富的旅游资源，如温泉文化、咖啡文化、美食文化和东南亚歌舞文化等优势，获得中国华侨之乡、中国旅游名镇、中国东南亚风情小镇、海南美食天堂、中国咖啡第一镇、植物王国、温泉之乡、咖啡之乡、水果之乡、花卉之乡等美誉，蜚声海内外，被誉为“东方夏威夷的一颗明珠”。

兴隆华侨旅游度假区多年来致力打造以自然旅游资源为基础，以植物资源、华侨文化为依托的国家 AAAAA 级旅游景区，全面启动“百花园”乡村旅游和“十佳百点”花园式生态旅游工程建设，加速推进兴隆旅游风情小镇升级改造，发展养生康体产业，进一步丰富和完善兴隆“吃、住、行、游、购、娱”旅游六要素的服务功能，成为集温泉疗养、华侨文化体验、旅游观光、休闲度假、娱乐购物于一体的综合性旅游度假胜地。

兴隆于 2004 年被中华全国归国华侨联合会评为“中国侨联工作先进集体”，2006 年被国务院侨务办公室评为“全国社区侨务工作先进单位”，2008 年被海南省文联、海南日报报业集团、海南广播电视台授予“海南十大文化名镇”荣誉称号，2010 年 3 月入选“全国特色景观旅游名镇”，同年年底被确定为“2010 年度海南省生态文明乡镇”，2014 年被评选为“海南十大最美乡镇”。截至 2017 年，已建成美食购物街、咖啡一条街、地热温泉、智慧旅游特区、奥特莱斯世界品牌折扣店等旅游景区景点，建有 3 个高尔夫球场、4 个演艺场及一批高端的旅游度假地产，拥有长达 68 千米的绿道和多个风格迥异的驿站、不同特色的园区及侨家乐等。

徜徉在整洁、优美的兴隆侨乡风情小镇的街道上，随处都能看到归侨们穿着具有浓郁东南亚风情的花格衫，听到来自不同国度和地区的语言，仿佛置身异域他乡；漫步在兴隆的青山绿水间，幢幢不同风格的东南亚建筑物映入眼帘，更是增添了神奇的色彩。

情侣瀑布

基本区情

兴隆有着悠久的历史。自南宋绍兴七年（1137）以来，历代都有兴隆发展的印迹。新中国成立后，兴隆更是突飞猛进地发展。从兴隆华侨集体农庄到兴隆华侨旅游经济区，历经60多年的艰苦创业。2017年，兴隆土地总面积117平方千米，常住人口约3.6万人，拥有19个民族、来自21个国家的归难侨以及中国港澳台地区同胞，素有“小联合国”之称，还享有中国归侨之乡、中国优秀华侨旅游小镇、东南亚风情小镇、国家热带公园、海南旅游第一镇等美誉，已成为初具规模的农、工、商、贸、旅游综合发展的美丽小镇。

建置 区划

地名由来 兴隆最早的原住民是黎族同胞。他们居住在自己搭建的草寮中，世代过着刀耕火种的原始生活。迄至清代，万州设置太平峒、西峒和北峒。清光绪十一年（1885），海南黎族人民在太平峒长沙一带抗清，震动朝廷。光绪皇帝接受两广总督张之洞建议，命广西钦廉提督冯子材督办全琼军务，率兵3000人到琼剿抚。后驻兵西峒（今兴隆一带）平定太平峒长沙一带之后，开始设置“兴隆抚黎局”统管黎族事务，后设兴隆电报局。“兴隆”这个地名便沿用下来。

区位交通 兴隆地处海南岛东南海岸线、万宁市境内的太阳河畔，地理坐标北纬18°4′，东经110°1′。东面与礼纪镇、东和农场接壤，西面与南桥镇、南林农场以及琼中黎族苗族自治县交界，南面与礼纪镇新梅村毗邻，北面和三更罗镇、长丰镇等地相依。

新型动车从兴隆穿过

海南东线高速公路、东线高铁横贯全境。东线高速公路在兴隆设有石梅湾出口，距万宁市高铁站 24 千米，距万宁礼纪镇神州高铁站仅 14 千米；南距三亚 108 千米（距三亚凤凰国际机场 113 千米），北距海口 160 千米（距海口美兰国际机场 171 千米），处于海南这两大旅游核心城市的中间，交通十分便利。

建置沿革 清乾隆年间（1736—1795）形成兴隆墟。清光绪十三年（1887），清政府在兴隆建立兴隆抚黎局，委任钟仁宠为兴隆抚黎局局长，并驻兵兴隆，统管万（宁）、陵（水）、保（亭）等地少数民族的各类事务。清末民国初期，其侄钟启桢继任兴隆抚黎局团总。

民国时期，兴隆墟属广东省万宁县管辖，仍沿用兴隆抚黎局管辖兴隆墟地区。1928 年，军阀龙济光过琼，龙军部属龙椿任万宁县县长，将兴隆抚黎局局长钟启桢诱骗至万城杀害，兴隆抚黎局的历史到此结束。此后，兴隆属国民党万宁县第二区第九甲管辖。

1950 年 5 月 1 日，海南全岛解放后，兴隆归属广东省万宁县管辖。

1951 年，为安置好归难侨，国务院侨务办公室选址兴隆，创办兴隆华侨农场，并直接成立归难侨互助组。兴隆华侨农场是带有事业性质的国营企业，由国务院侨务办公室和省侨务部门直接管理，为县团级建制。创办之初，仅设北区、沙田、合口 3 个作业区。10 月，将陵水县南桥公社的桥西、南旺，万宁县牛漏乡的永丰、永乐及礼纪公社的长征 5 个大队共 25 个生产小队并入兴隆。

1952 年，成立兴隆华侨集体农庄，属中央归国难侨处管理委员会海南归国难侨处管理。

1956 年 2 月，集体农庄改制为国营兴隆华侨农场，直属中央侨务委员会、广东省侨务委员会领导。

1958 年 9 月，改制为兴隆人民公社。

1959 年 4 月，恢复为国营兴隆华侨农场。兴隆发展为 5 个管理区共 50 多个生产队，内设场长办公室、经营管理科、生产科、人事科、文教科、保卫科。

1969 年 4 月，国营兴隆华侨农场改制为广州军区生产建设兵团 2 师 8 团，实行军事化管理（属团级建制），直属广州军区领导；同年，兴隆革命委员会成立。

1974 年 9 月，撤销兵团体制，更名为国营兴隆农场，归属广东省农垦总局管理。

1978 年 9 月，国营兴隆农场拨归广东省华侨农场管理局领导，名称更改为广东省兴隆华侨农场。

1980 年，广东省兴隆华侨农场设 1 个工管区、1 个农牧公司和 8 个作业区，有 71

个生产队及一批企业。随着改革开放的深入发展，农场实行生产承包责任制、家庭联产承包责任制等形式。

1988 年 4 月，海南建省办经济特区，兴隆华侨农场归属海南省人民政府侨务办公室管理，名称更改为海南省兴隆华侨农场。设行政办公室，下设人事科、生产科、畜牧科、教育科、卫生科、劳工科、国土科、经管科、财务科、供销科、计划生育委员会等科室机构。

兴隆华侨旅游经济区挂牌

1995 年，兴隆华侨农场成立橡胶、农牧、旅游三大公司，其中橡胶总公司下设 8 个橡胶分公司，共有 68 个生产队。

1996 年 6 月，兴隆华侨农场将橡胶分公司压缩为 6 个，生产队也缩并为 59 个。

1998 年，归属海南省外事侨务办公室管理。

2005 年 6 月，归属海南省政府国有资产监督管理委员会管理。

2007 年 8 月，兴隆华侨农场划归万宁市，实行属地管理。

2011 年 3 月 24 日，成立万宁市兴隆华侨旅游经济区，并保留兴隆华侨农场牌子。

行政区划 兴隆华侨旅游经济区管理机关下分设 6 个办公室：党政综合办公室、经济发展办公室、国土环境资源与市政稽查办公室、社会事务办公室、侨务与外联办公室、综合治理办公室。

直属单位有 16 个，分别是农牧公司、畜牧公司、旅游公司、水电公司、联防大队、物业管理办公室、市场管理办公室、污水处理站、温泉宾馆、温泉迎宾馆、咖啡厂、橡胶厂、兴隆敬老院、兴隆海口望海楼宾馆、兴隆汽水厂、兴隆安全生产监督管理所。

全区设橡胶实业总公司 1 个，下设 5 个分公司，即为橡胶第一分公司至第五分公司。截至 2017 年，兴隆华侨旅游经济区的 5 个橡胶分公司，共下辖生产队 67 个。

表 1　2017 年兴隆各橡胶分公司区划一览表

分公司	所属生产队										
橡胶第一分公司	1 队	2 队	3 队	4 队	5 队	6 队	7 队	8 队	新点队			
橡胶第二分公司	9 队	10 队	11 队	12 队	13 队	15 队	电站队					
橡胶第三分公司	16 队	17 队	18 队	19 队	20 队	21 队	22 队	23 队	24 队	25 队	27 队	28 队
	29 队	砖瓦厂	工程队	水稻队								
橡胶第四分公司	26 队	30 队	31 队	32 队	33 队	34 队	35 队	畜牧队	专业 3 队	新居民点队	合口队	
橡胶第五分公司	39 队	40 队	41 队	42 队	44 队	45 队	46 队	47 队	48 队	49 队	50 队	51 队
	53 队	54 队	55 队	56 队	57 队	58 队	59 队	60 队	七一队	长中队	八一队	开荒队

链接：兴隆周边的村庄自愿并入农场记

由于兴隆华侨农场的经济发展较好，周边的村庄纷纷申请加入农场，经行政许可，有以下村庄先后并入兴隆华侨农场管辖。

桥西大队　原属南桥公社，辖区有 9 个自然村，分别是：新坡村、乌飞树村、大南泥村、小南泥村、无人村、三合水村、茅（寒）草坡地村和牛牯田村、内田村，皆为革命老区。1966 年并入国营兴隆华侨农场，现属兴隆橡胶实业总公司第一分公司和第二分公司。

南旺大队　原属南桥公社，辖区有 4 个自然村，分别是：乌石姆村、加冬头村、大坡村、叶葵村。1961 年并入国营兴隆华侨农场，现属兴隆橡胶实业总公司第二分公司。

永乐大队　原属牛漏公社，辖区有 10 个自然村，分别是：古村（旧村）村、田头坡村、深井村、坑仔村、低坡村、公根村、石坡村、加冬村、加冬寮村、上塘村。1961 年并入国营兴隆华侨农场，现属兴隆橡胶实业总公司第三分公司。

永丰大队　原属牛漏公社，辖区有 8 个自然村，分别是：坡垒村、大坡村、路门村、高鸡岭村、石塘村、路门村、二道沟村、南跃村。1961 年并入国营兴隆华侨农场，现属兴隆橡胶实业总公司第四分公司。

长征大队　原属礼纪公社管辖，有 7 个自然村，分别是：长坡仔村、排田村、下溪仔村、第一坡村、第二坡村、茶根村、竿（官）墩村。1966 年并入国营兴隆华侨农场，现属兴隆橡胶实业总公司第五分公司。

竹林大队　石盘坑村、岭仔埇村，原属礼纪公社竹林大队管辖，现属兴隆橡胶实业总公司第五分公司。

环境　资源

气候　地形

气候　兴隆地处南海边缘、神奇的北纬 18° 、北回归线以南，属热带海洋性季风气候，夏无酷暑，冬无严寒，温差小、积温高。1959—1990 年，平均温度 24.2℃，最高气温月为 7 月，平均温度 28.5℃，最低气温月为 1 月，平均温度 18.7℃。全年无霜冻，气候宜人。降雨量丰富，年平均降雨量在 2400 毫米左右。全年日照时数 1757.2 小时，夏季最长日照时数 13 小时 15 分，冬至最短日照时数 11 小时，有利于热带作物的生长。1991—2017 年，平均温度 25.2℃，月平均气温最高的月份为 7 月，平均气温 28.9℃，月平均气温最低的月份为 1 月，平均气温 19.7℃。年平均降雨量 2148.9 毫米。全年日照时数 2299.5 小时。

受大陆和海洋季风的影响，兴隆春天吹东南信风，气候温和，多春旱；夏天吹南风或西南风，稍为炎热；秋天多东北风或北风，降雨量较多，空气湿度大，台风频繁；冬季刮北风，气温较全年其他季节稍有下降。

地形　兴隆地势西高东低，呈阶梯式自西向东倾斜。西部为山地，东南沿海为平原阶地，属丘陵地区，海拔 21 ~ 532 米；中部有多个山丘呈南北向分布，是典型的丘陵地区。境内主要为坡度 10% 以下的平缓坡，坡度 10% ~ 25% 的中坡主要分布在山脚，坡度 25% 以上的急陡坡主要分布在山脊。中东部地势平缓，中部偏西分布少量山丘。山脉沿境内西侧延展，以东面坡和北面坡为主。

兴隆属于台地与高丘地貌，由花岗岩、砂页岩等变质岩系和部分辉长岩构成。境内的石头岭、古村岭、鹿市岭、三水岭、深井岭、凤凰山、髣叉山等地，海拔高程低，坡度较缓，土层深厚，沟梁纵横，谷地广布，盆地相间。兴隆台地地貌明显，大部分已开垦利用种植热带作物。河东片区地貌由太阳河河流冲积而成，地面平坦，土层深厚，河汊交织，阡陌纵横，水源丰富，排灌便利，是区内主要农业生产基地和热带作物种植基地。

水资源

河流 兴隆境内有大小溪流 9 条，宽者 5 ～ 6 米，窄者不足 1 米，深浅相间，清澈见底，是兴隆华侨旅游经济区和万宁市的重要水源。其中 3 条支流分别从兴隆凤凰岭景区海拔 250 ～ 420.5 米处顺势而下，穿过低地热带雨林汇入太阳河。海拔最低处为 18.68 米，海拔落差达到 401.82 米。

太阳河发源于琼中黎族苗族自治县飞水岭，自西向东蜿蜒流淌而过，被誉为万宁的“母亲河”。河流上、中游流经兴隆境内，干流全长 75.7 千米，流域面积 593 平方千米。有支流 4 条，总长 16.3 千米，宽 2 ～ 13 米，年均流量 9.8 立方米 / 秒。河水清澈可鉴，沿河两岸景色如诗如画，山光水色，甚是迷人。

静谧的太阳河

水库 境内水资源丰富，有众多小水塘和沉香湾、三合水、南旺 3 座水库，由西南部山脉汇水积聚而成。地下水为裂隙水，导水性强，水质优良。

2017 年兴隆水库水坝情况一览表

表 2

序号	水库名称	工程规模	坝顶高程（米）	最大坝高（米）	坝顶长度（米）	灌溉面积（亩）	集水面积（平方千米）	放水洞形式
1	南旺水库	小（1）型	15.6	15.6	490	36000	305	—
2	沉香湾水库	大中型	163	163	242	10000	33.46	闸门式
3	三合水水库	小（2）型	141	141	480	400	4.79	开敞式

2017 年兴隆水力资源统计表

表 3

名称	理论装机容量（千瓦）	可能开发量（千瓦）	年发电量（万千瓦时）	已开发量（千瓦）	已开发量占可能开发量（‰）
太阳河	12450	6800	2720	3275	48.16
三合水水库	—	—	14	125	—
沉香湾水库	—	—	5.52	1500	—
南旺水库	—	—	—	12	—

土地资源 兴隆土地面积约 16.5 万亩，主要土壤为花岗岩成土，少量为砂页岩。地表为土层或半风化母岩，再往下为岩层，太阳河贯穿其中，土地肥沃。建设用地 29503.65 亩，旅游建设区与兴隆农场场部分别位于太阳河东西两侧，农村建设用地与耕地分布较为分散，区内大部分面积为以橡胶林为主的经济林和环境较好的自然林地。区内植被覆盖率 68.2%，植被总面积为 11.25 万亩。

矿产资源 兴隆的矿产资源分为金属类和非金属类两种。金属类的有钛铁砂矿，是兴隆华侨旅游经济区的主要矿藏。据海南省地质队勘探资料显示，万宁境内钛矿总蕴藏量达 1557 万吨，占全岛钛矿藏量的 70%。兴隆华侨旅游经济区属残坡积沙矿，有 5 个矿体，长 930 ~ 3860 米，宽 43 ~ 2933 米，厚 1.8 ~ 4.4 米，钛铁砂矿含量约为 21.9 千克 / 立方米，总储藏量约为 210 万吨，占比达 13.5%，属大型矿床。非金属类为水晶矿和黏质沙土，水晶矿主要分布于境内橡胶第五分公司第 58 队一带。黏质沙土土质黏性较强，窑烧可制陶器、砖瓦。

植物资源

兴隆植物资源可分为林木类、藤竹类、药材类、花卉类。至2017年，兴隆有维管束植物227科、1061属、2068种。其中国家、省级保护植物主要有海南苏铁、坡垒、油丹、红毛丹、驼峰藤、油楠、七指蕨、金毛狗蕨、海南石梓、钩叶藤、土沉香、青皮。

林木类 主要树种有陆均松、坡垒、红毛丹等，人工营造林有台湾相思、波罗蜜、苦楝、麻楝、樟树等。

藤竹类 藤竹类主要有红藤、麻竹、金竹、毛竹、水竹、刺竹等。

药材类 兴隆境内中草药资源丰富，亦是南药的重要产地之一。有些属于珍贵药材品种，如海南巴豆、海南龙血树、沉香、见血封喉等。有些属于经济药材，如益智、巴戟天、藿香等。其他药材有灵芝、肉桂、紫苏、百部、石斛等。

花卉类 境内花草资源丰富，乡土野生花卉类有野牡丹、桃金娘、风铃花等。有内地移植来的凤仙花、迎春花、紫薇花、倒吊金钟、扶桑花等。除此之外，还有外来热带花卉如鹤望兰、重唇石斛、鸡蛋花、曼陀罗等。

动物资源

至2017年，兴隆动物资源以鸟类、鱼类、兽类、昆虫类、爬行类、两栖类为主。其中，爬行类20种、鸟类57种、兽类6种、两栖类10种、鱼类23种。

鸟类 兴隆的动物资源十分丰富，有国家一级保护野生动物海南灰孔雀雉、游隼、海南山鹧鸪等，国家二级保护动物原鸡、白鹇、黑鸢、猫头鹰、白鹭、凤头蜂鹰等，还有省级保护野生动物海南鹩哥、八哥等。

鱼类 兴隆河流纵横，湖、溪、涧遍布，池塘众多，淡水鱼类生长的环境很好。常见的淡水鱼类约有100种之多，主要有华南鲤鱼、鲫鱼、黄尾鲴鱼、刺鲃鱼、鲶鱼、塘鳢、花鳗鲡、青鱼、草鱼、鲴鱼、广东鲂鱼、乌鳢、鲢鱼、红鲤、鲮鱼、鳜鱼、河鳗、罗非鱼、红鳍鲌、鳊鱼、黄鳝、泥鳅、花鳅等。

兽类 兴隆家畜品种有猪、牛、羊等，其中兴隆水牛为名优品种。野生动物种类繁多，其中，国家一级保护野生动物有梅花鹿、长臂猿等；省级保护野生动物有海南兔、海南果子狸等；其他野生动物有野猪（山猪）、豪猪（扫尾豪猪）、赤腹松鼠（红胸松鼠）等。

昆虫类 兴隆温暖湿润的气候、丰富的植被资源，为鳞翅目的蝴蝶生长提供了优越的自然条件。兴隆地区有蝴蝶9科80属110种（其中3种海南未曾记录）。常见的昆虫有蝉、蚕、蜜蜂、马蜂、黄蜂、赤眼蜂、蚊蜂、蛱蝶、凤蝶、粉蝶、蜻蜓、蜈蚣、蚱蜢、蝗虫、螳螂、蟋蟀、蜘蛛、蚯蚓、甲虫、蚂蚁、蜗牛、飞蛾、纺织娘、萤火虫、瓢虫、壁虎、蜥蜴、蝎子、土鳖、蜣螂、象鼻虫等。

爬行类 有国家一级保护动物中的蟒蛇，国家二级保护动物的虎纹蛙、三线闭壳龟、猕猴等，省级保护野生动物有眼镜蛇、银环蛇、大头龟、荔枝龟、八角龟等。

两栖类 两栖类有蟾蜍、青蛙等。

链接：兴隆水牛

兴隆水牛体型较大，体躯宽长，腰背微凹，尻稍斜。四肢粗壮，关节显露，前肢开阔，肘关节稍为内靠，腕节和飞节以下的毛为灰白色。蹄大圆正，坚实，有的蹄角呈灰黑色，不透明；有的蹄角呈白蜡色或粉红色，半透明。皮毛多为灰黑色或黑色，少数为白色，毛发稀疏。角粗长，呈长弓形向后上方弯起，颈下有“V”字形的白色带。鼻镜红褐色，有的有斑点。

兴隆水牛因性情温驯，适应性强，耐粗饲，很少发病，尤其是对血原虫病的抵抗能力较强等特点，于1966年，被作为优良品种引进广东省肇庆市四会县，并逐步取代了当地公牛品种。在1987年的《广东省地理志·海南经济地理区》中，被点评为优良畜禽品种；同年，在《广东省家畜家禽品种志》中，兴隆水牛作为代表品种录入该志。

兴隆水牛

人口　民族

人口　20 世纪 50 年代初，政府曾一度鼓励生育，人口迅速发展。1951 年 10 月 13 日，第一批从马来亚回国后被安置在兴隆的归难侨有 756 人，第二批有 200 余人，第三批有 210 人，都先后在兴隆安家落户。1951 年，兴隆总人口有 1856 人，同年先后又有 400 多名马来亚归难侨被安置在兴隆。至 1955 年年底，兴隆华侨集体农庄人口已增至 3789 人。1960 年 3 月至 1965 年年底，兴隆共安置近 4000 名印度尼西亚归难侨（以下简称为印尼归难侨），另有 400 名归侨知识青年响应毛泽东主席的号召从北京、福建、广东到兴隆落户，人口发展到 1.1 万人左右。1979 年年底，兴隆人口增至 2.5 万人。1985 年年底，兴隆共有 10138 户、25236 人。至 2005 年年底，兴隆的人口略有下降，常住户数为 8865 户，其中归难侨 4649 户；常住人口 24494 人，其中，归难侨 7376 人，归难侨子女 6079 人。2010 年，兴隆总人口增至 34973 人。2017 年，兴隆常住人口达 3.6 万人（墟镇人口 1.6 万人），户籍人口 2.7 万人（归难侨 6515 人、侨眷 9907 人）。

姓氏　兴隆人口来源极为复杂，来自世界各国和地区的人集聚兴隆，因此兴隆的族群姓氏也是复杂多样的。据统计，兴隆辖区内的姓氏有卜、于、广、弓、尤、王、马、文、方、关、占、白、吕、庄、田、向、韦、车、区、贝、毛、龙、尹、孔、古、石、宁、叶、申、丘、任、兰、代、申、丰、牛、卓、邓、邝、付、左、冯、卢、包、乐、员、齐、谷、成、伍、巫、刘、任、朱、吉、但、李、尧、劳、乔、岑、言、冉、纪、曲、阮、孙、祁、吴、何、宗、折、利、劳、帅、余、明、陆、罗、周、官、金、庞、欧、欧阳、胡、屈、贺、苗、连、江、汪、张、符、邢、邹、顾、施、祝、范、林、苏、麦、郑、武、易、段、洪、邱、杨、赵、梁、彭、姚、费、唐、章、陶、蓝、程、蒋、高、翁、鲁、耿、鲍、温、侯、曾、龚、康、谢、廖、韩、黎、魏、熊、和、战、邵、杜、管、董、柯、崔、陈、房、薛、钱、居、章、岳、宾、查、初、班、萧、柏、桑、詹、蔡、戴、袁、莫、钟、梅、骆、铙、郭、喻、宫、巢、聂、娄、屠、葛、潘、汤、徐、涂、凌、盘、冼、傅、秦、单、颜、裴、舒、邵、殷、阎、溱、姜、缪、肃、柳、闰、黄、林、覃、谭、樊、鄞、赖、夏、瞿、曹、赫、满等达227个之多，其中黄、陈、林等姓氏定居兴隆年代较久，人口也最多。

语言　兴隆聚集马来西亚、新加坡、印度尼西亚、越南、泰国等21个国家的归难侨以及中国港澳台地区同胞和海南兴隆原籍本地人，语言极具多样性。归难侨大多数是以粤语或粤系客家话交流。因不同国家、不同地域的华侨、同胞和本地居民生活在一起，进而形成了白话口音、客家口音、东南亚口音、海南兴隆本地口音混杂的“兴隆普通话”，其发音的一大特色是任何字都发第四声，而且语速快。兴隆普通话保留有许多东南亚词汇，比如莲雾在兴隆称呼为“水翁”（新加坡发音）；刚炒熟的花生放置一会受潮变软，就说“漏气”了；去街道，总喜欢说去“巴萨”；儿子称“赖”；咖啡称“锅B”等。兴隆普通话已经成为兴隆的“官方语言”，第二语言为粤语和客家话。

兴隆归难侨如遇到来自同一侨居国的人，则以侨居国的语言交谈。马来语、越南语、客家语、闽南语、苗语、黎语等语言，听起来南腔北调，使兴隆好像一个“小联合国”。

民族　兴隆属少数民族聚居地，黎族为当地最早的居民，汉族则多是从外地迁徙而来。新中国成立后，因工作调动、婚姻、开垦农场等原因，又有大量人口从外地迁移而入。特别是兴隆华侨农场的创办，先后安置了21个国家的归难侨，随着各地到兴隆生意人经商落户之后，民族构成日益多元化，从最初的黎汉两种民族，逐渐发展成为多国家、多地区和多民族融汇的华籍侨民聚居地。

截至2017年，兴隆聚居的民族达18个之多，各民族人口分别统计如下：

汉族25575人，占总人口的71.0%；黎族9276人，占总人口的25.8%；壮族539人，占总人口的1.50%；其他有瑶族94人，侗族65人，苗族42人，京族40人，土家族31人，彝族22人，布依族4人，藏族2人，蒙古族2人，佤族2人，哈尼族2人，满族1人，傣族1人，回族1人，羌族1人。

民间信仰　清道光十六年（1836），兴隆人为祈求平安丰收，筹资在十五田农田边空地上（现长春西路中荔枝树旁）建起一座庙，起名为十五田公庙。公庙坐南向北，背靠牛姆岭，建成的正殿约100～120平方米，正中供奉恭王二太子，两边供护法神。两厢各约50～60平方米，供奉万天公和地藏公，庙旁有一块可容纳百余人的平地，作为祈福的活动场所，庙前有一水塘供香客放生。公庙建成之际，周边乡村有钱人家集资铸了一口五十余公斤重的铁钟赠予十五田公庙，铁钟两边分别镌刻“风调雨顺”“国泰民安”字样，钟的周边刻有铸钟年份及集资人的姓名。此后每逢农历六月十八，十五田公庙便会举办庙会，百余名善男信女抬着恭王二太子等神像到兴隆墟上游街祈福，这一习俗一直持续到“文化大革命”前。“文化大革命”期间“破四旧”，十五田公庙遭到毁坏，荡然无存。

宗教信仰 兴隆地区信仰的佛教为汉传佛教，其佛教徒多以信奉如来佛、观世音菩萨为主，最早的寺庙建在东山岭。兴隆侨胞中有些是自泰国、印度尼西亚等国家归来，回国前已信奉佛教，至今仍笃信如斯。创办兴隆华侨农场前后接收的世界各地大量华侨中，亦有部分仍保留着伊斯兰教的信仰和传统。

基督教早期一直是在兴隆的方村传播，由民众自发组织，形成家庭聚会点，约有六七位传教人士，均为当地老华侨（主要为印尼归侨）。直到 1997 年 7 月，由华侨后代李仕芬牵头，正式向万宁市宗教管理部门申报，政府批准同意在兴隆设立教堂。2006 年，李仕芬筹资兴建兴隆第一间教堂。教堂大堂建筑面积约为 200 多平方米，能容纳 50 ~ 60 人。2012 年，兴隆拨款 25 万元，对教堂进行修缮和装修。教堂建成后，常有传教人员及义工 3 ~ 4 人。至 2017 年，教徒聚会最多时有 100 多人，大多数为内地到兴隆的“候鸟型”教徒，本地的基督教徒约占 20%。

兴隆教堂

基础设施

居民住宅 海南解放前，兴隆当地人大多居住在茅草屋，瓦房较少。

海南解放后直到归难侨落户时，兴隆仍破败不堪，经济非常落后，房子的墙体大多是用石头垒砌，房顶上覆盖着茅草，很少用砖砌房，也很少用瓦做顶面。

1951 年 10 月，第一批归难侨到兴隆，在物资匮乏、没有建筑材料的情况下，因地制宜，上山砍竹子、伐木料、割茅草，自己动手，在兴隆盖起两排茅草房子做集体宿舍，每间宿舍住 40 多人。宿舍里的湿地打上木桩，再用小竹条编成两排床位，中间留个过道，有家属的用带来的木箱等行李放在自己床位两旁当作隔墙，再挂起蚊帐，蚊帐内就是每个家庭的“房间”。1956 年，归难侨的居住条件略有改善，作为集体宿舍的茅草屋里一户可以有一张简陋的大木床配一张木桌。再后来人们扩大茅草屋面积，用竹片或小树圆木做围墙，隔成一间间 10 ~ 20 多平方米的空间分给每个家庭或个人。1958 年，茅草屋的竹片围墙基本上改为木板围墙，木板所做的围墙更牢固，且密封性好。

1960 年，很多茅草屋开始改换成木板墙、瓦顶房或砖墙瓦顶房。20 世纪 70 年代末，大部分人已住上砖瓦房。

中共十一届三中全会之后，兴隆发生翻天覆地的变化，农场加大投入，改善职工住房条件，人均住房面积达到 8.2 平方米，增长率达 65.32%。1986 年 8 月，农场对职工住房问题进行全面改革，把过去所建的职工住房依据房子结构和使用年限，折价卖给职工。至 1987 年 8 月，一年间累计出售房屋 18 万平方米，收回资金 123 万元。

同时兴隆执行新的建房措施。公助私建房。职工自己建房时，农场划分地区和等级进行补助。从 1987 年 1 月至 1988 年 5 月，批准建房的职工有 850 户，补贴职工建房的资金达 1901 万元；兴建住房面积 98444 平方米，解决了 2067 户职工的住房问题；共计 3408 人住进了新建的住房。

20 世纪 60 年代的兴隆

20 世纪 70 年代的兴隆

优惠房。农场出资 70%，职工出资 30%，对职工的危房、半危房、木桁条瓦顶房进行全面改造，仅 1992—1994 年的三年间，共投入改造资金 2100 万元，完成改造房屋 251 幢，住房面积达 115000 平方米。

职工自建房。按农场发展规划，根据总体要求，在场部墟镇周边规划出相应宅基地有偿给职工建房。

福利房。随着兴隆的开发建设，有计划地开发居民住宅区，有偿分配给符合条件的搬迁户、内部职工以及离退休人员。1992—1995 年的四年间，共兴建职工宿舍大楼 100 幢，住房面积达 160000 平方米，投入资金 9600 余万元。2001 年，根据“国家、农场、

20 世纪 80 年代的兴隆

职工共同出资”原则，改善归难侨居住条件。万宁市兴隆华侨旅游经济区管理委员会（万宁市兴隆华侨农场）北区的安置区一期项目，规划用地面积69763.81平方米，总建筑面积52714.2平方米，共建设25幢、370套安置房，项目总投资为10534.92万元。

集资房。由职工统一集资兴建，建房的费用全部由职工自己承担。1995—1996年，共兴建6幢大楼，住房面积近10000平方米，投入建设资金600余万元。

通过以上一系列职工住房制度改革，兴隆全农场的职工人均住房面积从1988年的8.2平方米增加到1996年的12.5平方米。至2006年，兴隆又改造职工危房10188平方米，新建职工宿舍6419平方米，职工人均住房面积达15平方米。

2011年，兴隆采取“国家投一点，农场出一点，职工筹一点”的办法，大力推进民房改造建设工程。2012年，兴隆的经济适用房项目规划用地面积57009.10平方米，建筑面积48342.60平方米，共建设17幢、420套经济适用房，项目总投资为8728.09万元。2013年，完成兴隆北区安置区370套安置房和396套经济适用房的建设并投入使用，启动建设兴隆长中队安置房578套、公租房598套及配套设施项目以及15队、55队棚户区示范改造344套房的建设，同时还对1266户危房进行改造。至2017年，已完成连队危房改造1381户，完成长中队安置房578户和公租房596户，15队和55队危房示范改造212户建设工程，启动7队和30队棚户区改造安置房240户的建设工程。

兴隆的经济适用房

俯瞰美丽的兴隆

市政交通

市政道路　兴隆最早只有一条狭小的街道，长不过二三十米，街道杂乱，坎坷不平，只要一下大雨，路面便会积满雨水，满地泥泞。

1924 年，开始修建从兴隆境内穿过的第一条公路，修建的费用来源一部分为琼崖善后处投资，另一部分则是万城部分商人的集资。两年后建成通车，这也是海渝东线公路的前身。

1939 年 2 月，日本入侵海南，8 月侵占兴隆。占领期间，修建日军炮楼到兴隆街的土路。

1950 年，海南公路管理局重点维修海渝东线公路，一是截弯取直；二是将路基加宽到 8.5 米以上，用碎石沙土改善路面，使行车时速由 20 千米提高到 50 千米以上。

至 1960 年，农场内部各生产区之间建有连接道路。

1976 年，兴隆境内的海渝东线公路铺设柏油路面。

1978 年 12 月，中共十一届三中全会胜利召开。兴隆抓机遇，内引外联，大力开发建设兴隆。以“旅游业为龙头，带动和发展其他产业”。实行土地转让，搞好“三通一平”的基础设施，划出一块 30 平方千米的土地，建设具有热带风光和东南亚风情，以旅游度假及大型娱乐、体育为主体，集食、住、行、玩于一体的旅游度假中心。从此，兴隆这座美丽富饶的“梧桐山”，引来了大批“金凤凰”。国内外投资者看好兴隆，纷至沓来，参与兴隆的开发建设。

1980 年，对兴隆境内的海渝东线公路进行改造，原来 8.5 米的三级路面加宽到 12.8 米宽的二级路面。同时，修建和完善了场区路网。

1989 年，海南东线高速公路开始修建，穿过兴隆境内。至 20 世纪 90 年代末，兴隆对场内道路进行大规模改造，陡坡降低，弯道改直，泥土路面改为水泥路面。1991 年起，动工兴建温泉大道，并以此为中心辐射到整个河东片旅游城规划区，先后投入资金 1.2 亿元，兴建度假路、康乐路、山庄路、兴梅路等 6 条公路，其中桥梁 15 座，涵洞 35 个，合计全长 70 千米，直接与东线高速、高铁接轨，兴隆区域公路网络基本形成。2007 年，万宁市委、市政府加大对兴隆基础设施的投入，重点抓好路、水、电等基础设施建设。重点道路建设项目有莲兴大道、温泉大道、康乐大道等 12 条路网改造建设（总长约 20 千米），明珠桥、康乐桥、太阳河大桥 3 座景观桥及月亮广场（占地约 150 亩）、月亮河生态公园（占地面积约 340 亩）等相继建成，同时还开展有绿化、亮化、街景立面改造等工程，兴隆旅游风情小镇的面貌焕然一新。2009 年，建成长春西路、迎宾南路延伸段、明珠西路、侨乡路、热带花园路等 7 条道路，总长约 12.5 千米。此后，建设莲兴西路、迎宾北路、兴隆侨乡国家森林公园路网等 6 条道路，总长约 37 千米；投入资金 809 万元，

温泉大道

兴梅大道

建设硬底化路面 22.5 千米，所有基层生产队都建起水泥硬化乡村道路。2011 年，以第十二届中国海南岛欢乐节在兴隆举办为契机，全面整治莲兴大道、温泉大道、康乐大道等 12 条路网的改造，总长约 20 千米。同时，对明珠桥、康乐桥及太阳河大桥 3 座景观大桥进行了专项的整治和建设。2012—2017 年，建成并投入使用的有长春西路、迎宾南路延伸段、明珠西路、侨乡路、热带花园路、迎宾北路、馨湖路、兴梅大道、国家绿道路网等项目，总长约 22.6 千米。

至 2017 年，兴隆已经形成以“一轴一环”为主体构架，方格网布局的现代路网。一轴是指兴梅大道交通轴线，一环是指旅游区内部环状道路，路网密度合理，可有效联系到度假区内各旅游景点。

交通出行 海南解放前，人们百里内的来往，大多数人是步行，极个别富裕人家乘轿、骑马。太阳河较大的渡口，有一两条破旧小船摆渡。海南解放后，随着经济的发展，人们逐渐购置使用自行车。交通部门的客车、货车从无到有，不断增加。20 世纪 80 年代后，摩托车开始进入少数兴隆人的家庭。2000 年以后，电动自行车开始取代自行车和摩托车。2010 年，兴隆 90% 的家庭拥有摩托车或电动自行车，少数人家还拥有小轿车。

到海口或三亚有长途大型豪华班车，走高速公路，一小时一趟，非常方便。到万宁

兴新中桥

市及沿途有许多私人营运的中巴车，乘坐方便，票价随路程的长短不同。有 5 条公交线路连接兴隆街道和各个风景区。在兴隆区域内的交通工具除了公交车以外，还有出租车、“三脚猫”（客货两用的三轮摩托车）、“风采车”（拉客的三轮摩托车）等。

通信　海南解放前，兴隆人远距离收发传递信息只能靠书信或依赖人员乘船、乘车来往传递，口述耳听。海南解放后，兴隆个别家庭有了报纸可以阅读到国内外消息，个别家庭开始有收音机。到 20 世纪 70 年代，收音机基本普及，人们能够听到远距离的声讯。20 世纪 80 年代，个别家庭开始有录音机、电视机。20 世纪 90 年代，开始使用手机和固定电话。到 2010 年，兴隆的成年人每人都有一部甚至是多部手机。2017 年，90% 的兴隆人拥有智能手机。

迎宾大桥

经济发展

兴隆当地的居民，很早就开始在太阳河边开荒耕作，种植椰子、槟榔等热带经济作物。在自发形成的兴隆墟，定期开展集市贸易，出售自己生产的一些农产品和工具。至民国期间，兴隆的经济社会发展都相当缓慢。新中国成立后，政府在兴隆组建华侨农场，安置归难侨。广大归国华侨在党和政府的领导下，自力更生，艰苦奋斗，开荒垦殖，发展生产，逐步把一穷二白的兴隆建设成为农、工、商、贸、旅全面发展的地区。2012—2014 年，兴隆地方财政各年收入分别为 42573 万元、54000 万元、45201 万元，三年平均收入达 47258 万元；缴纳各种税收分别为 298 万元、277 万元、325 万元，年均缴纳税款 300 万元。2014 年，全区固定资产投资 27.4 亿元，政府投资 2.4 亿元，社会投资 24.97 亿元，地方税收 45201 万元，企业经营收入 5500 万元。其中，第一产业收入 2727 万元，占企业经营收入 49.6%；第二产业收入 1369 万元，占 24.9%；第三产业收入 1404 万元，占 25.5%。2017 年，全区固定资产投资 38.69 亿元，其中，政府投资 6.39 亿元，社会投资 28.24 亿元，农场企业投资 4.06 亿元。其中，第一产业收入 1512 万元，第二产业收入 2238 万元，第三产业 1356 万元，合计 5106 万元。农场企业缴纳税款 455 万元，兴隆地方财政收入 5.03 亿元。

工农业 建场之初，兴隆大力开荒垦殖，种植水稻等粮食作物和橡胶、槟榔、香茅等热带经济作物。1952 年，开荒面积 5179 亩，工农业总产值为 2.94 万元。

1954 年，开荒面积进一步扩大，发展到 8864 亩。其中，经济作物面积由 1953 年的 1009 亩发展到 5041 亩，增加了近 4 倍；咖啡种植面积由 1952 年的 211 亩增加到 544 亩；香茅种植也由 1952 年的 404 亩发展到 4052 亩。当年经济收入由上年的 42114 元增加到 205711 元，增加了近 4 倍。

1956 年，兴隆耕地面积较上一年增加 69.5%，收入超过支出（不包括事业开支），获利 25 万元。建场以来，第一次上缴利润达 14 万元。

1965 年，兴隆咖啡种植面积达 1075.95 亩，年产量 1.35 万千克；胡椒种植面积 3160.9 亩，年产量 3.55 万千克；水稻种植面积 1062 亩，年产量 269.5 万千克；橡胶种植面积达 31612 亩，其中开割面积 1612.05 亩，年产胶水 123.2 吨。全年工农业总产值达 307.97 万元。

1980 年，实行家庭联产承包责任制后，兴隆的经济发展进入快车道。1985 年，工农业总产值达 3652.49 万元。2004 年，工农业总值为 8203 万元，利润达到 900 万元。

2005 年，虽然受到严重旱灾和强台风“达维”的影响，兴隆工农业总产值仍然达到 8477 万元，但利润仅为 303 万元。

2010 年，兴隆工农业总产值 10220 万元，实现利润 2126 万元。

2014 年，兴隆继续做强农业，推进现代农业发展，科学规范管理橡胶生产，发展立体经济。当年，常用耕地面积 2552 亩，粮食种植面积 679.2 亩，年产量 220.5 吨。橡胶、咖啡、胡椒、椰子等热带作物种植面积达到 84000 多亩，其中，橡胶为 46000 多亩，干胶产量 2000 吨；咖啡 500 多亩，年产量 40 多吨。瓜菜种植面积 384 亩，年产量 364 吨。水果种植面积 1090 亩，年产量 414 吨。年末，存栏猪 2144 头，出栏家禽 13100 只。发展淡水养殖 200 多亩，年产量 300 吨。主要从事橡胶、槟榔、咖啡和椰子等农产品加工和食品加工等；有登记法人单位和产业活动单位 363 家，个体经营 1871 户。

2017 年，共种植橡胶 44445.66 亩，收获 657427 株，干胶产量 1111.57 吨；种植槟榔 3778.57 亩，收获 2949.68 亩，总产量 5678.13 吨；种植瓜菜 804.57 亩，总产量 691.91 吨；种植水果 1572.79 亩，总产量 579.50 吨。

2017 年兴隆华侨农场主要经济作物生产情况一览表

表 4

单位	连队个数（个）	总户数（户）	橡胶			槟榔			瓜菜		水果	
			种植面积（亩）	收获株数（株）	干胶产量（吨）	种植面积（亩）	收获面积（亩）	总产量（吨）	种植面积（亩）	产量（吨）	种植面积（亩）	产量（吨）
橡胶第一分公司	9	512	9425.92	154579.00	262.00	533.20	494.84	952.57	—	—	527.00	231.50
橡胶第二分公司	7	741	8644.92	135505.00	256.13	477.25	435.87	839.05	—	—	460.11	128.90
橡胶第三分公司	16	2575	4293.73	59415.00	96.50	1152.91	1113.58	2143.64	568.80	185.90	418.50	122.80

续表 4

单位	连队个数（个）	总户数（户）	橡胶			槟榔			瓜菜		水果	
			种植面积（亩）	收获株数（株）	干胶产量（吨）	种植面积（亩）	收获面积（亩）	总产量（吨）	种植面积（亩）	产量（吨）	种植面积（亩）	产量（吨）
橡胶第四分公司	11	2056	5676.08	93299.00	154.24	263.21	253.21	487.43	28.10	33.70	167.18	96.30
橡胶第五分公司	24	2788	16405.01	214629.00	342.70	1352.00	652.18	1255.45	207.67	472.31	—	—
各直属单位	8	912	—	—	—	—	—	—	—	—	—	—
合计	75	9584	44445.66	657427.00	1111.57	3778.57	2949.68	5678.13	804.57	691.91	1572.79	579.50

旅游业 1987 年，兴隆开始发展旅游业，至 2013 年，兴隆的旅游业收入已成为兴隆继工农业经济收入之后的另一经济支柱产业。经过二十多年的发展，兴隆已建成集温泉浴、娱乐、购物、旅游观光于一体的休闲度假中心，“海南兴隆华侨旅游度假城”已成为海南旅游市场中著名的旅游品牌之一，并不断完善旅游餐饮、购物等配套服务设施，在慢行绿道、中心驿站、侨乡驿站、泰国村、越南村、印尼村、月亮河广场、美食购物街、有机咖啡园、印象水岸、侨庄、橄榄游览区等关键节点，启动花园式生态旅游“十佳百点”工程建设，构建独具特色的生态旅游绿色长廊，不断完善兴隆“吃、住、行、游、购、娱”旅游六要素服务功能，提升兴隆旅游竞争力，促进旅游产业转型升级。2014—2017 年，共接待过夜游客 813.932 万人次，旅游总收入 51648.740 万元，门票收入 9169.290 万元。其中，2017 年，接待过夜游客 182.711 万人次，旅游总收入 15368.92 万元，门票收入 2015.30 万元。

社会发展

教育 归难侨到兴隆之前，兴隆仅有 1 间破烂的小学校，只有 1 名教师和 10 多名学生。新中国成立后，兴隆成为安置归难侨数量最多的地方，党和政府高度重视归难侨子女的教育，大力发展兴隆教育。经过几十年的努力，至2017年，兴隆的教育事业有了巨大发展。从开始建立时仅1所小学发展到学前教育、初等教育、中等教育、高等教育、职业教育、成人教育具全，学校布局合理，教学设施不断完善，教学质量不断提高。

20世纪60年代，兴隆小学师生在校园内合影

学前教育 起步于1956年，兴隆设立第一所托儿所。1978年，兴隆正式设立第一所幼儿园，开展学前教育。80年代初，兴隆办有幼儿园、托儿所共77所，入园、入托幼儿1500人，共有保教人员220人。截至2017年，全区已普及儿童学前教育。

初等教育 起步于创办集体农庄初期。首先在兴隆太阳河西岸桥头南端（南区）创办第一所茅草棚小学——兴隆华侨农场职工子弟小学，首批招收1～4年级的学生，约100多人。1955年，子弟小学第一届毕业生有17人。同年，在第四管区又办起1所小学，场部小学称为“总校”，第四管区小学称为“第一分校”。1956年，在第五管区办起第二分校。随着归侨人数的增加和附近农村并入农场，到1965年，兴隆小学已

兴隆第一小学

发展到18所，其中，有10所完全小学，8所初级小学，学生人数达到2944人，拥有教师143人。1981年年底，开始动工兴建3所小学，分别是兴隆小学、九队小学、六队小学；于1982年9月竣工并交付使用，共设置26个班级。至2017年，兴隆有小学9所，在校学生4509人，教师226人，小学教师学历达标率100%，小学适龄儿童入学率100%。

中等教育　1956年9月，在兴隆华侨农场职工子弟小学开办附设初中班，第一届初中班有学生58人。同时，兴隆华侨农场职工子弟小学更名为兴隆华侨农场职工子弟学校。1960年，小学、初中逐步分开管理。1962年，全场干部职工自愿捐献16000元，兴隆华侨农场拨付4000元，建起农场第一幢有10间教室的砖瓦房。1965年，在第七作业区长征队建立第二所初级中学。当年，全场两所初中共有学生320人，教师20人，校工10人。1968年，兴隆华侨农场子弟学校开办高中班，更名为兴隆中学，成为全日制完全中学。1993年，兴隆投资建成有50间教室的兴隆中学综合大楼。1998年，兴隆中学分为兴隆中学高中部和初中部。至2003年年底，兴隆有中学3所，在校人数为2400多人。2009年2月，万宁市教育局将兴隆中学高中部并入万宁民族中学。至2014年，兴隆有初级中学校1所，在校学生1100多人，有教师72人。中学教师学历达标率100%。中学适龄入学率99.3%。2017年，兴隆有初级中学1所，小学8所，学生5190人，教职工245人。

兴隆第一中学

1960 年，为加速培养农业技术人才，中侨委创办兴隆华侨农业中专技术学校。主要是学习生产技术如胡椒、橡胶、水稻种植，禽畜饲养，病虫害防治以及会计与统计、测量等知识。1962 年，正式招收第一届学生 100 人，设热带作物、会计 2 个班。1964 年，教学楼、礼堂、图书室、实验室、师生宿舍、食堂全部竣工，继续招收第二届学生 4 个班共 120 人，设热带作物、农业作物、会计 3 个专业。1965 年，招收第三届学生 4 个班共 120 人，设热带作物、农业作物、植物保护、会计 4 个专业。1965 年前后该校撤销，并入兴隆华侨农学院中专部，毕业的学生被分配到广东、广西、福建、云南、贵州等省区华侨农场工作。

高等教育 兴隆华侨农学院是由中华人民共和国华侨事务委员会组建和直辖领导的高等院校。1964 年，中华人民共和国华侨事务委员会决定将设在福建省华侨大学的热带作物系迁至兴隆，与海南兴隆华侨农业学校（以下简称为农校）合并为华侨农学院，热带作物系变为农学院的大专部，农校变为中专部，开始扩大规模，建设新校舍。1965 年，华侨农业学院的实验楼、教室、师生宿舍等设施基本竣工，热带作物系开始搬迁，至 1966 年年初全部搬迁完成，有 200 多人迁到兴隆。接着扩大建设教学生产基地，全部扩建工作由师生共同完成。“文化大革命”开始后，农学院改名为东方红农学院。受“文化大革命”的影响，中华人民共和国华侨事务委员会被撤销，兴隆华侨农学院也于 1968 年中期宣布撤销解散。农校及农学院，从筹建、诞生、发展、辉煌到解散，仅短短的 8 年，但它曾经是在兴隆开办的最高学府，为各华侨农场培养了一大批实用人才。

职业及成人教育 1980 年，广东省兴隆华侨农场业余体育学校正式挂牌。体校主要是开办游泳班，学员多为农场职工子弟和兴隆中小学在校学生。1981 年，广东省体委正式批准兴隆华侨农场业余体校为广东省重点业余体校，有运动员 23 人。1982 年 6 月，兴隆华侨农场拨款建造三层楼的体校运动员宿舍，并建有大小游泳池。1988 年，兴隆业余体校的学员在中国香港亚太地区少年游泳比赛中获得 11 枚金牌；同年，在韩国汉城举办的第 24 届亚洲游泳锦标赛上，兴隆游泳队取得了良好的成绩，共有 8 人、12 次夺取金牌。1999 年，海南省少年儿童游泳冠军赛，兴隆业余体校游泳队共有 6 人获得第一名，10 人获得第二名，16 人获得第三名，几乎囊括了少儿组冠军、亚军、季军。2000 年，又获得海南省体育运动会游泳比赛 6 个第一名、11 个第二名、10 个第三名的好成绩。业余体校先后为国家队、广东省队、海南省体育学校、解放军体育队等输送了运动员 52 人。其中，国家队有黄国雄、范国雄、李亚妹，解放军体育队有邓永保，广州军区有 3 人，广东省专业队有 8 人，海南省帆板队有 3 人。先后多次参加海南游泳比赛，共获得 167 项第一名、154 项第二名、142 项第三名。

1989 年 9 月，成立海南广播电视大学兴隆教学班。1990 年 5 月 7 日，成立海南广播电视大学兴隆分校（含高中部）。同年，兴隆华侨农场与海南大学联合创办旅游、酒店管理大专班。根据旅游发展的需要，培训服务员。服务员培训共设 2 个班，人数约 100 人，参加培训的人员除保持原有高中课程外，还增加了酒店服务的一些课程和实习课，培训合格后发给服务员培训班结业证书。海南广播电视大学兴隆分校举办华侨农场政工干部岗位培训班，一共有 93 名学员，脱产学习 3 个月。考试合格后，颁发政工干部岗位训练班结业证书。该校于 2005 年停办。

海南兴隆华侨农业学校学生合影

科技 兴隆的科技发展起步早，20 世纪 50 年代就创建中国热带农业科学院香料饮料研究所、华南热带作物科学研究院兴隆试验站、兴隆华侨农场农业科学研究所，20 世纪 60 年代创建中国医学科学院药用植物开发研究所海南分所。至 2017 年，各所、站在开展科研的同时，利用丰富的热带植物资源发展旅游，开发旅游产品，产销“一条龙”，取得了很好的效益。

中国热带农业科学院香料饮料研究所 占地面积 630 亩。创建于 1957 年，前身为华南热带作物科学研究院兴隆试验站，隶属农业部中国热带农业科学院。中国热带农业科学院香料饮料研究所是一家从事热带香料饮料作物产业化配套技术研究的国家级综合性科研机构，主要承担中国胡椒、咖啡、香草兰、可可、苦丁茶、八角、肉桂、糯米香等热带香料饮料作物的产业化配套技术研发任务。拥有国家特色热带香料饮料作物引种及产业化引智基地、国家重要热带作物工程技术研究中心基地、农业部热带香料饮料作物种质资源圃、农业部万宁胡椒种质资源圃、农业部香辛饮料作物遗传资源利用重点实验室、海南省热带香辛饮料作物遗传改良与品质调控重点实验室、海南省热带香料饮料作物工程技术研究中心和海南省农业科技110香料饮料专业服务站。1964年，获得胡椒栽培经验总结等3项成果，研究胡椒疫病项目获农垦部科技成果二等奖。1975—1979年，有科研项目12个。1980—1985年，有研究课题11项。1986—1990年，有试验基地375亩。业务范围从科研活动扩大到技术承包、指导培训、提供良种等多项内容。先后研究课题9项，通过成果鉴定课题7项，其中，获国家、省、部级科技进步奖、成果奖4项。香兰草小区试验干豆荚最高亩产70.2千克，胡椒间作研究、胡椒细菌性叶斑病防治研究等项目先后获国家、农业部、海南省级科技进步奖。1993年，更名为华南热带作物科学研究院热带香料饮料作物研究所；1994年，更名为中国热带农业科学院热带香料饮料作物研究所；2002年，更名为中国热带农业科学院香料饮料研究所。至2017年，研究所在编职工112人，离退休职工68人，所属企业聘用人员348人；高级专家29人，其中，研究员6人，副研究员23人；博士19人，硕士31人；享受国务院政府特殊津贴专家3人，海南省"515人才"3人。1957—2017年，香饮所已取得科研成果100多项，其中，获国家、省、部级成果奖励38项；制定技术标准43项；发表论文700余篇，出版专著54部；研制出特色热带香料饮料作物产品十大系列120多种规格，获授权发明专利45项、实用新型专利7项。采用"科研院所＋农户""科研院所＋公司＋农户"等模式，向热带地区推广应用热带香料饮料作物种植与加工技术成果，已建立生产技术指导点、示范基地30多个，成果转化率90%以上，社会经济效益显著，获农业部科技成果转化一等奖4次、二等奖1次，起到良好的示范、辐射与带动作用，为中国热带香料饮料作物产业持续发展提供强有力的科技支持。

兴隆药用植物研究所 全称为中国医学科学院药用植物开发研究所海南分所，创建于1960年，前身为中国医学科学药物研究所海南试验站，隶属中国医学科学院药物研究所。2017年，药用植物研究所占地220亩，拥有1幢1330平方米的四层科研楼、2幢560平方米的二层开发加工房、1幢269平方米的接待展览楼、2幢168平方米的玻璃温房、4幢单层1536平方米的标本荫棚，以及120亩进口南药科研基地和药用植物标本园。兴隆药用植物研究所位于兴隆区东南部太阳河畔，气候温暖，雨量充沛，土地肥沃，是引种和发展热带药用植物的理想基地。1983年，"阳春砂仁栽培管理技术研究"项目获广东省科技进步三等奖；1986年，"南药白豆蔻引种栽培的研究"项目获卫生部二等奖，“白豆蔻引种研究”项目获中国医学科学院科技二等奖；1987 年，“阳春砂仁在西双版纳引种推广”项目获卫生部科技进步一等奖；1988 年，“丁香栽培研究”项目获中国医学科学院科技进步二等奖；1989 年，“槟榔防虫增产及无公害防虫新技术的研究”项目获卫生部科技进步三等奖；1990 年，“广东省中药资源普查”获广东省科技进步二等奖。至 2014 年，兴隆药用植物研究所先后从国外引种 21 个进口南药品种，占全国需要进口南药的 2/3。其中，丁香、肉豆蔻等 16 个品种获得引种成功和栽培技术研究成功，并推广种植。此外还引进外国民间药用植物 70 多种，国内中草药 500 余种。还参加了《农业百科全书》《广东省中药志》《中国药用植物栽培学》的编写工作。2015 年 11 月，“输液法在白木香树上生产沉香的制作方法”获第十七届中国专利优秀奖。2017 年，该所有在职人员 39 人（研究员 4 人，副研究员 14 人，助理研究员 7 人，研究实习员 12 人），退休 43 人。同年，由该所副研究员郑希龙参与完成的《中国南海岛屿植物多样性研究及产业化》研究成果荣获 2016 年度广东省科学技术一等奖。全所共发表 40 篇论文，其中 SCI 论文 9 篇，最高影响因子 4.76。

兴隆华侨农场农业科学研究所 于 1956 年创立，隶属兴隆华侨农场。1966 年，兴隆华侨农业科学研究所停止业务。1980 年 2 月 1 日恢复，内设橡胶、热带作物、农业作物、畜牧、农业化学分析 5 个组。农场以市场为导向、产研相结合的技术创新体系推动兴隆的科技进步。1995 年，机构撤销，人员并入农场机关。

文化活动

海南解放前，兴隆人烟稀少，几乎没有文化娱乐活动。1951 年创建兴隆华侨农场后，逐渐有文化娱乐活动项目。广大归侨在海外学会了印度尼西亚的盘舞、椰壳舞，泰国的南蓬舞，印度的蛇舞，越南的竹竿舞等，回到祖国归侨们又用自己的劳动实践与亲身体会，创作出许多歌颂中国共产党、歌颂社会主义的歌舞，如《兴隆好》《兴隆十大姐》《炊事员舞》《梯田号子》《大兵团作战歌》等。逢年过节、工余饭后，组织小型文艺演出，归侨职工们的生活充满欢乐。早在 1953 年，农场的职工们就在兴隆广场修筑了一座以泥土填起来的戏台，工余节庆时常在戏台上组织文艺表演。同年年底，广东省华侨事务委员会送来一部 16 毫米的电影放映机，用以丰富职工的文化生活。1955 年，兴隆建立了一支业余文艺队。1956 年，全场出现表演话剧的高潮，交谊舞也成为群众性的文娱活动。1958 年“大跃进”时期，山歌、诗歌、民谣的创作活动热闹一时。同年，农场正式成立业余文工团。20 世纪 60 年代，农场附近的电影队每半个月左右到生产队放

职工参加“国资杯”文艺演出

一次电影，场部（总场）每个星期六晚上固定放一次电影。放的电影大多是国产、苏联和东欧社会主义国家的影片，最受观众欢迎的是以“反特”和战争为题材的影片，生活片、爱情片较少。2001 年，兴隆华侨农场艺术团成立。2005 年，在“五一”的海口“国资杯”比赛中，兴隆华侨农场艺术团荣获金奖。至 2017 年，这些海外歌舞已演变为兴隆华侨旅游经济区的独特文化品牌，归侨们利用早晚的闲暇时间，在广场或大一点的空地上，伴着音乐，跳起东南亚歌舞，并增加了健美操、健身舞等，异国的、时代的、新兴的舞蹈融合在一起，形成兴隆多元性的娱乐文化，受到兴隆原籍当地人喜爱。

到兴隆的文化名流中，有作家、诗人、导演、歌星、舞蹈家、演员等，他们纷至沓来，进行观光和体验生活。郭沫若、茅盾、赵朴初、艾青、杨朔、傅天琳、梁羽生、蔡楚生等更是为兴隆写下了许多赞美的诗篇。著名导演谢晋，著名演员张瑞芳、秦怡、王心刚、祝希娟、陈冲等在兴隆拍摄电影《红色娘子军》《南海明珠》《海外赤子》和电视剧《郑和下西洋》《中国维和警察》。著名书画家蔡若虹、关山月、黎雄才、关则驹、蔡楚生、王维宝、方楚雄、王立、苏华等到兴隆时也留下数十幅书画瑰宝。

文化设施 兴隆一直努力构建魅力独特的兴隆文化体系。投资 4000 万元建成兴隆职工文化活动中心，内设兴隆华侨农场场史展览馆、博物馆、图书室和职工健身器材、儿童游乐园等设施。其中兴隆华侨农场场史展览馆内还配置电声影像等设备。职工文化活动中心广场设有自动升降台幕、戏台和大型浮雕归侨文化墙、雕刻等，还有灯光篮球、排球场，是一个集宣传、演艺、展览、体育、游戏、观光休闲等于一体的多功能活动中心，也是兴隆“三个文明”建设的主阵地之一。兴隆有康乐大广场和康乐、景天、阳光、新世纪 4 个演艺大剧场，以及亚洲风情园、东南亚风情村等，兴隆的公共文化服务体系基本形成。2011 年，第十二届中国海南欢乐节和兴隆华侨农场建场 60 周年庆典隆重举行。2012 年，全国华侨农场文化建设座谈会暨文艺会演在兴隆举办。

兴隆华侨农场业余文工团 这支队伍既是生产队，又是宣传队、文娱活动队，遵循文艺为工农兵服务、为劳动生产服务的方针，自编、自排、自演节目，采用歌舞、短剧、小演唱等形式，歌唱农场的新人新事，经常深入到居民点、工地、各连队或应邀到各农场演出，被群众称为“欢乐的使者”。1959 年，参加崖县文艺会演，获得一等奖。1960 年，参加海南区会演，获得海南区三等奖。曲目和内容充满着浓郁的东南亚风情，让归侨和观众感受到异国风情。1962—1964 年，是该团发展的黄金时期，正式编制 30 人，他们排练了不少东南亚歌舞，如越南的竹竿舞、泰国的土风舞、马来西亚的龙迎舞，以及印度尼西亚的各种特色舞蹈等。他们不仅在农场内演出，还曾到乐东的莺歌海盐场，万宁的海防部队，陵水、三亚等地及机构进行慰问演出，受到热烈欢迎。在三亚榆林部队演出印度尼西亚歌曲女声独唱《梭罗河》时，竟连续谢幕 6 次之多。罗国忠、章沙红创作的《太阳河之歌》代表海南农垦系统参加全国农垦系统职工文艺会演。章沙红创作（作词、谱曲）了《春天来到太阳河畔》，当中央乐团在兴隆演出时，一位女歌唱家在舞台上演唱这首歌，兴隆广场上掌声雷动。1967 年，兴隆华侨农场业余文工团撤销。

康乐大剧场

工会举办拔河比赛

工会举办象棋比赛

侨友会文艺队 新（加坡）马（来西亚）泰（国）侨友会和印尼侨友会分别成立于1999年和2001年，侨友会拥有自己的业余文艺队，是改革开放后成立的两个群众文艺演出组织。两个组织都有一批自己的文艺骨干，演出节目不仅有曾侨居国的民族歌舞，还有东南亚歌舞。侨友会演出服装鲜艳多彩，阵容之大也前所未有。尤其是印尼侨友会，在会长杜添江、张柳昆等人策划下，侨友们表演的印度尼西亚歌舞原汁原味，经常令全场掌声雷动。文艺队常深入华侨农场72个连队免费为职工演出，表演的东南亚歌舞充分体现出归侨们对生活的热爱，并得到过在兴隆参观的印度尼西亚驻华大使的高度赞扬。

工人俱乐部 “文化大革命”后，农场工会成立工人俱乐部，俱乐部设有图书馆，有藏书万余册，报纸和杂志几十种，供职工阅览。并开设图片宣传栏和乒乓球、象棋娱乐室。组织业余文艺队到各管区演出，每年组织一两次文艺会演。工会还接待东方歌舞团、中央乐团及全国各地的文艺团体到兴隆慰问演出，丰富职工的业余文化生活。根据归侨职工的爱好，农场积极开展各项体育活动。拨出专款，先后建起兴隆工人游泳场、兴隆灯光球场、兴隆旱冰场和篮球场等设施。各管理区、直属单位在农场工会的支持下，建起一批篮球场、排球场等文体设施。农场工会每年春节都举行篮球、足球、排球、乒乓球和羽毛球比赛。

工会举办“兴侨杯”乒乓球邀请赛

兴隆华侨农场场史展览馆一角

兴隆华侨农场场史展览馆　1991年，兴隆华侨农场投资新建工会大楼，一楼为职工文化活动中心，二楼为兴隆华侨农场场史展览馆，展览有建设农场各个历史时期的文物资料1800多件和图片500多幅。该展览共分为四个部分——“伟人志”“赤子情”“展宏图”“铸辉煌”，是兴隆华侨农场历史发展的缩影，也是一部归国华侨报效祖国、艰苦奋斗、创建家园的壮丽史诗，被中国侨联定为“爱国主义教育基地”。

2010年，兴隆扩建一栋五层工会活动中心大楼，将兴隆华侨农场场史展览馆迁入该中心大楼。

职工文化活动中心　职工文化活动中心始建于20世纪50年代，内设图书室，方便广大职工群众假日学习文化知识和提高生产科学知识。“文化大革命”中，藏书大部

工会职工图书馆

分遭烧毁。1982 年，兴隆建成工人俱乐部作为职工活动中心。2011 年，重新装修扩建，将二楼作为农场历史档案馆建设，一楼左侧作为职工图书馆，右侧作为体育娱乐室。图书馆面积 500 平方米，收藏图书 2 万册，其中图书包含的类别有政治、经济、地理、自然、社科等类和文学艺术类图书，如小说、传记、诗歌、散文、报告文学、戏剧、电影文学以及美术、书法、音乐、舞蹈、摄影等作品。至 2017 年，兴隆兴建文化中心广场、业余体校、工人游泳场、灯光球场、图书馆等文化娱乐设施。电视卫星地面接收网覆盖所有生产队。各基层单位均设有阅览室、文化室等。

体育 群众性的体育活动也很活跃。自 1954 年国庆节举行农庄第 1 届运动会以后，每逢重大节日都有体育运动或球类比赛，从未间断。第 1 届运动会仅有男女队的长跑项目，1955 年开始有跳高、跳远、中长跑、短跑等项目，并列为当年春节、国庆比赛项目。同年，李清泉、江成进入广东省侨务系统体育队参加广东省体育运动会。1956 年国营兴隆华侨农场成立后，农场由李清泉带队参加海南区田径运动会，取得男子 100 米、200 米、4×100 米接力冠军，女子 100 米、200 米、4×100 米接力冠军的好成绩。1957 年，李清泉、吕玉连、程金友进入海南区体育代表团参加广东省田径运动会。同年，成立体育协会。1958 年，兴隆人民公社曾组织运动员 40 余人参加三县（崖县、陵水、保亭）运动会，兴隆代表团获得总分第一的成绩。1959 年，兴隆举办庆祝新中国成立 10 周年的运动会，有 300 多名运动员参加，进行 15 个项目的比赛。1960 年“五一”劳动节，举办篮球比赛，全场共有 19 支男队和 2 支女队参加，运动员达 300 多人。同年，兴隆小学组建游泳队、足球队。1965 年，海南区体委在兴隆举办业余游泳训练班。同年，刘

20 世纪 50 年代的篮球队

业余女子篮球队

20 世纪 60 年代举行的篮球比赛现场

人们排着队，举着红旗参加游泳比赛

在太阳河举行游泳活动

运兴参加广东省中学生游泳比赛，夺得男子组 100 米蝶泳第一名，100 米自由泳第二名。1970 年，兴隆中学设立羽毛球训练班。

1986 年，农场男女篮球队先后在广东省海南行政区华侨农场和广东省华侨农场系统的比赛中获得冠军。1987 年，兴隆华侨农场被广东省海南行政区体委推荐参加由全国体育总会群体部和《体育报》发起的评选活动，被评为“全国热心支持体育的企业”。

1988 年，在全国性游泳比赛当中，兴隆游泳队共获得 11 枚金牌。同年，在韩国汉城举办的第 24 届亚洲游泳锦标赛中，有麦国雄、范国雄、李亚妹、邓永保等 8 人，共 12 次夺得金牌。

医疗卫生　兴隆最早的医疗机构是兴隆华侨农庄卫生所，只有一间简陋的茅草房，条件简陋，没有科班出身的医务人员，药品匮乏。1953 年，中央疟疾研究站到兴隆，送医送药，有效地控制住疟疾的蔓延和危害。1956 年，华侨农庄卫生所改名为兴隆华侨农场职工医院。1970 年 4 月，改为广州军区生产建设兵团 2 师 8 团卫生队，年内兴隆采集并种植中草药，培养一批赤脚医生和医护人员，并办起中草药加工厂。1975 年，更名为国营兴隆华侨农场职工医院。1982 年，德意志联邦共和国红十字会援助扩建兴隆华侨农场医院及医疗设备，医院增设心电图室、脑电图室、手术室、化验室、超声波室、B 超室等，并购买各种医疗器材 187 种。1982 年，医院易名为海南兴隆红十字医院，1989 年，改由省卫生厅直属领导，编制病床140张，科系较齐全，设有内科、儿科、外科、妇产科、急诊、五官科、药剂科、防疫科，有病床 100 张。医院有员工 175 人，其中，副主任医师 2 人、主治医师 10 人、医师 14 人、护师14 人、护师（士）49 人、药剂师 10 人、护理员 17 人。

2014 年，兴隆实行三级医疗，有红十字医院 1 所，下属区卫生所 10 个，生产队一

正在建设中的兴隆红十字医院

级卫生室 15 个。设有妇产科、外科、内科、儿科，有病床 100 张，医护人员 208 人。另有 10 多个个体诊所。建立基层医疗保健网，配置卫生员。2017 年，有乡镇二级卫生院 1 所，卫生所 6 个，医护人员 118 人，免疫“八苗”接种人数 3655 人，接种率 98%。投资 5300 万元的门诊部、医技部、住院部大楼仍在建设中。

社会保障 兴隆自 2003 年实行最低生活保障，按照政策规定，低保工作实行动态管理，兴隆享受低保待遇的有 385 户、697 人，每月发放低保总金额为 132156 元。因物价上涨等原因，2011 年 1—6 月，低保户每人每月增加 26 元物价补贴；自 2011 年 4 月始，低保户每月每人再提高 30 元低保金。至 2014 年，仅社会公共管理人员工资及五险一金支出就达 1005 万元；社会公共管理需要的设备购置费、维修费、油料费、交通费、绿化维护费等各项费用支出达 1603 万元。

兴隆旅游综合服务管理中心

1993 年 1 月，兴隆华侨农场在职职工 4500 多人全部参加海南省职工养老、工伤社会保险。2005 年 5 月，兴隆的社会养老保险纳入全省统筹，离退休人员的退休金实行社会发放。2008 年，农场为 1186 名中断或从未参加养老保险的“4050”归难侨办理养老保险；为 1525 名“4050”归难侨补缴 15 年的养老保险和 6 年医疗保险；为 2803 名退休归难侨办理 10 年医疗保险补偿金。2012—2013 年，兴隆城镇居民基本医疗保险参保 12555 人，覆盖率达 99%；投入 3726 万元，解决 2500 多名职工五险一金问题，并不断完善参保人个人信息采集录入和个人档案管理。至 2014 年 8 月，累计为 817 名特困人员申请了低保。2017 年，共为 1.85 万名居民办理城镇居民养老保险和医疗保险，城镇居民医疗保险参保率达 100%。

兴隆敬老院　建于 1958 年，院址在河东普礼附近，2 层木板楼，共有 10 多个房间，是当时兴隆最好的建筑物之一。1961 年，因兴建兴隆农业技术学校，敬老院搬迁至北区西侧兴隆医院附近，新建砖瓦平房 2 幢，为当时农场较好的住房。1980 年，农场在河东

兴隆敬老院

太阳河边的永丰重建新的敬老院。1994 年，迁移到现址古村路重建，为钢筋水泥建筑，基建面积 912 平方米，总投资 88 万余元，建有宿舍楼、文化室、办公室、食堂、仓库等。2006 年，农场拨款 15 万元，对敬老院进行全面装修，宿舍楼上下 2 层，共有 20 间房，40 个床位。敬老院配备服务管理人员 6 人，其中，院长 1 人、护理工 3 人、食堂炊事员 2 人。安置对象主要是归侨孤寡老人。2012 年，海南省民政厅、万宁市民政局在此基础上累计投入资金 2000 万元，增建 3 幢 3 层楼房，计 99 个房间，占地面积 17209.841 平方米，建筑面积 6293.04 平方米。全院配备管理人员 6 人，院长 1 人，后勤人员 2 人，护理人员 3 人，电工 1 人。2017 年，共计安置老人 24 人。

2004 年 1 月，全国政协副主席罗豪才、国务院侨务办公室主任陈玉杰曾先后由海南省政府、海南省侨联领导陪同，专程到兴隆华侨农场敬老院考察、慰问。2008 年，北京国维投资有限公司董事长史维学慰问敬老院老人，并向敬老院捐赠 10 万元，作为增置健身器材、办公桌及床上用品等必需品的费用，从而使敬老院面貌焕然一新。2009 年 2 月 2 日，全国政协原副主席罗豪才、国务院侨务办公室国内司司长程铁生及海南省侨办、万宁市委、万宁市政府和兴隆华侨农场的领导慰问敬老院的老人并举行新院落成揭牌仪式。

敬老院作为一项爱心工程，对丧失劳动力，没有生活依靠的老弱病残或者孤寡者实行五保（保吃、保住、保医、保教、保葬）。建立统一安置，统一管理，专人负责的保障制度。兴隆华侨旅游经济区为敬老院每位老人伙食费每月固定补贴 440 元，另有其他生活补助费，实报实销，水电免费供应。敬老院报批经费每人每月均在 1300 元以上，逢年过节兴隆华侨旅游经济区还派人前往慰问，确保兴隆的孤寡老人老有所养，老有所依，老有所乐，安度晚年。

环岛赛起点——兴隆剧场

侨乡兴隆

20世纪50年代初，马来亚首批756名归难侨在兴隆的太阳河畔安家立业、落地生根，20世纪60年代第二批印尼归难侨被安置在兴隆，到20世纪70年代第三批越南归难侨在兴隆落户，兴隆多国归难侨聚居的模式初步形成。至2017年，兴隆总共接收安置13000多名归难侨。兴隆内有来自马来西亚、新加坡、泰国、缅甸、柬埔寨、印度尼西亚、文莱、越南、朝鲜等21个国家的归难侨及中国港澳台地区同胞，兴隆也因此成为海南乃至全国著名的侨乡。

归难侨安置

马来亚归难侨 1945 年 8 月，第二次世界大战结束之后，日本败退出马来亚，马来亚又继续沦为英国的殖民地。随着东南亚国家和地区掀起排华浪潮，众多侨居在马来亚的华侨被驱逐出境或被关押在马来亚集中营。1949 年，中华人民共和国中央人民政府在极为困难的情况下，仍然想着被关押在马来亚集中营的中国难侨，决定把他们接回祖国。通过外交途径与英国殖民当局谈判，双方达成协议，同意中国租用外国籍船只分期分批将被关押在马来亚集中营的难侨接回祖国。并由中央人民政府内务部，中央华侨事务委员会，中华救济总会和广东、福建两省人民政府，以及潮汕专区，汕头市七个单位组成“归国难侨临时处理委员会”（以下简称为难侨处），负责归难侨接待和安置工作。

1951 年夏，一批马来亚归难侨被接回祖国，暂时安置在广州的几个招待所里，除了一部分经由难侨处介绍工作和安置的归难侨外，中央侨委决定创办华侨农场来安置归难侨，遂先后在广东省东莞、陆丰和海南兴隆等地办起了华侨农场。

同年 10 月 13 日，756 名马来亚归难侨由海南侨务局干部带领抵达万宁县境内的兴隆安家落户，这是在兴隆安置的第一批归难侨。政府给难侨送去蚊帐、棉被等日用品，发放安家费、生活费，归难侨的生活得到保障。同时，归难侨开荒造田，种植水稻、番薯、木薯等农作物进行生产自救，减轻国家的负担。

印尼归难侨 1959年，印尼排华势力高涨，众多印尼华侨生命财产受到威胁。12 月，中国国务院副总理兼外交部部长陈毅在致印尼外长的信中，提出全盘解决在印尼华侨问题的建议，准备接待安置愿意回国的印尼华侨。1960 年 2 月 2 日，国务院颁布《国务院关于接待和安置归国华侨的指示》，成立了“中华人民共和国接待和安置归国华侨委员会”，负责统筹归国华侨的接待和安置工作。是年，兴隆接到了安置印尼归难侨 2035 人的任务。3 月 10 日，首批印尼归难侨 60 多人到达兴隆，被安置在第 35 队和第 32 队，

在回国的船上，印尼归难侨翘首遥望祖国的方向，归心似箭

印尼归难侨到兴隆华侨农场吃的第一顿饭

继后，第二、第三批印尼归难侨也先后在兴隆落户。为了紧急安置这批在危难中投奔祖国的侨胞们，兴隆接到了安置印尼归难侨 2035 人的任务。这是一个艰巨的任务，兴隆全线动员起来，先前回来的马来亚归难侨胞们，深知海外华侨的痛苦，得知兴隆有接待安置印尼新归难侨的任务后，立即掀起开荒种植热潮，同时大规模扩建居民点。

至此，兴隆的归难侨共分为两大部分——马来亚归难侨和印尼归难侨，兴隆人口接近 1 万人。

越南归难侨 1976 年，中越关系进一步恶化，越南国内大举排华，大部分华侨被迫逃离越南。1978 年达到高潮，有 10 万名越南华侨被驱赶出境。兴隆根据国务院侨务办公室、广东省革命委员会的安排，从 1978 年 3 月至 1979 年年底，先后接待安置越南归难侨共 1073 户、5720 人，其中劳动力 2693 人。此次接待安置越南归难侨人数，比马来亚归难侨和印尼归难侨人数总和还多出将近一倍。为了有组织、有计划地做好接待安置归难侨工作，兴隆专门成立接待安置办公室，华侨农场场长主管全面工作，副场长兼任安置办公室主任，下设政治思想工作、安置、后勤、基础建设等小组，由场部各科室抽调工作人员专门负责各项工作。各管区、直属单位也成立接待机构，认真做好归难侨住房和生活必需品的供应。在安置工作过程中，遇到的最大难题是房子兴建工作跟不上归难侨的需要。虽然为了赶时间修建房子，兴隆从各方面调运建筑材料，建筑工人日夜施工赶建了一批房子，但还是解决不了问题。知道农场在接待安置归难侨时遇到住房暂时困难后，广大老归侨职工主动地让出自己的住房给归难侨住宿，宁愿自己住到小厨房或者茅草房中去。仅几天时间，全场老职工让出房屋 567 间，加上新建成的 47399 平方米的房屋，很快地解决了归难侨暂时住房的困难。农场还发动干部职工开展募捐活动，共

1978 年，兴隆归难侨欢迎越南归难侨回国

捐献 1600 多件衣服和鸡蛋等生活必需品，解决了广大归难侨暂时的生活困难。

其他国家的归难侨及迁入人员 1951—1980 年，兴隆除了大批安置马来西亚、印度尼西亚和越南的归难侨外，还陆续接收安置来自新加坡、泰国、缅甸、柬埔寨、文莱、朝鲜等 21 个国家的归国华侨，共计 13000 多人。此外，来自中国内地和海南本岛的干部及琼崖纵队老战士、复转退伍军人、上山下乡知青、中国港澳台地区同胞到兴隆安家落户，附近的汉、黎、苗族农民也并入农场，逐渐形成兴隆华侨农场的人员构成结构。

建设历程

兴隆从举步维艰、百废待兴到成为经济、社会、人文全面发展的新型农场小镇，经历了华侨集体农庄时期的开荒式建设，走过了国营兴隆华侨农场、兴隆人民公社、生产建设兵团、国营兴隆农场 4 个时期，最终形成今日农、商、贸、旅全面发展的现代化特色兴隆华侨旅游经济区。

兴隆华侨集体农庄 1951 年 10 月，第一批马来亚归难侨被安置于兴隆。为了使安置在兴隆的归难侨们在短期内达到自给，兴隆临时成立生产指导委员会。指导委员会由陈家廉任主任，从归难侨中推选一些积极分子任副主任和委员。指导委员会提出开荒自救，并在归难侨中很快形成“集体开荒”的共识。在陈家廉等人的带领下，迅速组织起17个集体开荒队，分成73个生产小组，进行“集体开荒，个体生产”，在兴隆的北区、南区、中区、合口、沙田、古村等地进行开荒。

早期的兴隆河滩边布满大片的沼泽地，长着茂密的水草，人一踩上去，沼泽地便会不停地冒出一个个水泡来，水声一响，就有数不清的如拇指般大的水蛭循着水声浮游过来，叮咬在人的脚腕或脚板上吮吸人血。被水蛭咬过的伤口，如果不及时治疗，就会发生感染，导致伤口溃疡。归难侨之中的大部分人都在海外经营生意，或者从事割胶工作，开荒种田对于他们而言，的确是艰难而又陌生的工作。但即便环境极为恶劣，侨胞们仍发挥在海外的艰苦创业精神，在兴隆开荒造田。

经过几个月的努力，归难侨们克服重重困难，硬是在太阳河的荒滩上开垦出荒坡土地1000亩，水稻田700亩。在一片片开荒的土地上种上花生、番薯、木薯等杂粮，还种上了蔬菜和瓜果。侨胞们还向当地的黎族、汉族农民学习耕田插秧技术，在一块块水田上，种下了水稻，并获得了好收成。接着又种上玉米、高粱、番茄、木瓜、南瓜、水瓜、芹菜、角豆、豇豆、柳豆等，就这样，归难侨们在兴隆安下了家。

1951年8月下旬，第二批200余名马来亚归难侨在兴隆安置落户。9月1日，兴隆华侨集体农庄成立（这一天后来被定为建场节）。刚成立的兴隆华侨集体农庄各项管理制度还不完善，对生产劳动实行统一出工、统一收工、同工同酬管理。兴隆华侨农场的大部分职工报名参加集体农庄。集体农庄不论大人、小孩，每人每月发放生活费8元，有劳动能力的每人每月加发2元，归难侨们生活有了保障。至1952年年底，集体开荒的面积达4800亩。据统计，1953—1980年，开荒面积达122384亩。

1953年，广东省人事厅调曾广到兴隆担任副场长，主管全面工作。曾广上任后，听取各方面的情况汇报，深入北区、南区、中区、古村区、沙田区和合口区6个作业区实地了解情况。5月中旬，在太阳河畔的消费社（咖啡店）召开了第一次职工代表大会，出席大会的代表约200余人，专程赶回来的驻广东省难侨处处长陈经镇作了国内外形势的报告。会上统一认识，确立实行“多劳多得、少劳少得、不劳不得”的按劳分配原则。以中等劳动力工作8小时为一个劳动日，每个劳动日定为10个工分，生产组内实行评分，强劳动力可评为11分或12分，中劳动力可评为10分，弱劳动力可评为9分或 8 分。每个劳动日值 0.5 元。抽调职工中有丰富生产经验且为人公正、在群众中威望高的 3 ~ 5 人组成评工和验收小组，各作业区由主任、队长、职工代表组成评工小组。改变福利金的发放办法，除父母每月收入留下 10 元作为自用外，余下部分作为养育子女的费用。子女每月生活费的标准为 8 元，不足 8 元的，从福利金中补足。此福利金发放办法实施一年多后，专门制定“福利金发放条例”，并报省、中央侨委批准实施。

1953 年 10 月，经中国侨务委员会同意，召开兴隆华侨集体第一届农庄庄员代表大会，民主选举产生农庄的主席、副主席和农庄理事会及监事会。理事会成员主要由农庄科长以上干部及各作业区主任组成，重大事情集体讨论决定；监事会是农庄监督机构，选举各作业区庄员组成；主持兴隆农场全面工作的仍是农场行政委员会。大会选出了由场长、科室领导 20 余人组成的理事会，选举产生农庄主席，并从职工中选出 2 名代表为副主席。选出 10 余人的代表组成监事会。代表大会召开后，兴隆华侨集体农庄正式宣布成立。庄员们的主人翁意识大大加强，生产和管理也日趋完善。

1953 年 11 月，中央人民政府为了支持华侨集体农庄发展生产，特别拨给 4 台拖拉机。中央侨委调配了 3 辆进口汽车给兴隆，其中 2 辆美国产道奇，1 辆日本产丰田。虽然车辆破旧，性能差，可在当时来说却是最先进的交通运输工具。随着集体农庄的生产逐步发展扩大，安置归难侨数量逐渐增加，对运输车辆的需求量越来越大，中央政府多次利用国家外汇进口汽车拨给兴隆，一次性拨给兴隆 5 辆捷克产的布拉克汽车；周恩来总理到兴隆考察时，得知兴隆接侨任务很重，运输压力大，总理指示再次利用国家外汇进口了 4 辆西德产柴油动力翻斗大卡车，将其中 2 辆拨给兴隆。这 2 辆车，机械性能好，马力大，又能自动卸货，农场的工作效率显著提高。

1954 年 2 月，第二届庄员代表大会召开，大会上表彰一批劳动模范，重点讨论同年的分红方案和生产计划，还通过将劳动日值由 0.5 元提高到 0.7 元的决定，分红方案使得每个庄员平均分红 60 元现款（在当时相当于 4 个月的工资），另还可分得一二百千克稻谷。同年 12 月，兴隆集体农庄召开第三届庄员代表大会，会议内容主要围绕开展增产节约、反对浪费的运动和制定 1955 年的生产计划，同时还讨论决定提高劳动日值等问题，经代表大会讨论通过后，每个劳动日值由 0.7 元提高到 1 元。兴隆蒸蒸日上的生活深深吸引了一些单干户，他们纷纷要求参加集体农庄。

1955 年 9 月 9 日，中共广东省委作出“关于兴隆华农场集体农庄的性质应是国营农场的性质”的批示；同年 11 月 14 日，中共海南区党委就广东省委的批示，作出了“关

1955 年 12 月 28 日，兴隆华侨集体农庄社会主义建设积极分子大会合影留念　　联合影社　摄

于执行省委指示对兴隆华侨集体农庄转为国营农场的几项决定”，明确兴隆华侨集体农庄从 1956 年 1 月起实行国营农场管理制度。至年底，兴隆华侨集体农庄达到 3789 人，开荒面积比前三年总和还多 8%，由 1954 年的 8846 亩增加到 16280 亩，香茅油的收入增加最多，由 1954 年的 7 万元增加到 38 万元，当年的总收入较 1954 年增加 2.6 倍。

1956 年 1 月 12 日，农庄又召开以改制为专题的临时代表大会，确定开始实行国营农场管理制度，把集体的盈余资金全都上缴国家。兴隆华侨集体农庄是特殊历史时期的一种过渡性组织形式，在国家困难时期，发挥了组织安置归难侨、稳定局势、发动生产自救、逐步改善生活条件的积极作用。这一时期，农庄建立并扩充基建工程队、山工砍伐队、砖瓦厂、火锯厂、碾米厂、石灰厂、打铁厂、木工厂、香茅加工厂等，农场的各项建设发展都逐步走上正轨。

国营兴隆华侨农场　1956 年 2 月 1 日，兴隆华侨集体农庄改为国营兴隆华侨农场，仍由中国侨务委员会直接管辖。2 月 5 日，适逢改制后的第一个春节，兴隆广场举行隆重的庆祝改制迎新春大会。参会的有开拓兴隆的第一批归国难侨，有在兴隆新生的一代，也有当地的少数民族同胞，还有上级派来的祝贺代表团与参观团。会后还举行了第 1 届职工体育运动会、丰收展览会等连续 3 天的庆祝活动，全场职工沉浸在一片幸福和欢乐之中。

国营兴隆华侨农场建立后，克服种种不利因素，广大农场干部、职工共同努力，狠抓生产，种植业快速发展。归难侨在场部、作业区、生产队的领导下，团结奋斗，艰苦

20 世纪 60 年代的国营兴隆华侨农场

创业，发挥侨居东南亚国家种植热带经济作物的技术和专长，在 16 万余亩的土地上种植了橡胶、胡椒、椰子、槟榔、咖啡、油棕、可可、榴梿、波罗蜜、人心果、面包树等热带经济作物和热带水果，同时种植水稻 8000 多亩。国营兴隆华侨农场的归难侨们真正做到了“自己动手，丰衣足食”。同时在第二、第三产业上也取得不小的成绩，形成具有当地特色的产业结构。

兴隆人民公社　1958 年 9 月，原国营兴隆华侨农场并入兴隆人民公社，成为兴隆生产大队，除兴隆周边的农业合作社并入公社之外，连同兴隆北面的东和农场和南面的南林农场也都并入兴隆人民公社，归属崖县管辖。同年，中共中央提出全国的钢铁产量要翻一番，达 1070 万吨的目标。兴隆也掀起“大炼钢铁”的热潮，人们日夜苦战赶超指标，继而又提出“人民公社好，吃饭不要钱”的口号。生产指标一个比一个高，分配制度也被彻底打乱，最后生产没有搞上去，粮食也供应困难，社会正常的生产和生活秩序被完全打乱。据统计，1959 年兴隆生产大队经济亏损达 57.90 万元；从 1959 年 3 月开始，兴隆生产大队干部每月每人定量大米 6 千克，工人、老师、中学生则是 9 千克，后来粮食供应不上，每千克大米只好折 2 千克番薯进行搭配，侨胞们都处在半饥饿的状态，许多人因营养不良而双脚浮肿。周恩来总理在听取中央人民政府华侨事务委员会主任廖承志汇报后，得知兴隆侨胞们严重缺粮，便从湖南省调拨 15 万千克大米给兴隆。

1959 年，中共广东省委第一书记陶铸到兴隆考察时指示，加大兴隆建设的步伐，还要办好第三产业。于是，农场不仅拥有汽车、拖拉机和各种机械设备，还办起农业机械、粮油加工、汽车修理、农副产品加工、咖啡粉厂、制胶厂、砖瓦厂等数十家工厂和水电站，同时开始发展服务行业。兴隆工农业生产的发展，也带动了文化、教育、卫生、体育、文娱和福利等事业同步前进。由于兴隆的成绩显著，中央首长和各级领导到兴隆考察与参观者甚多。同年，兴隆、南桥、南林、东和、牛漏从崖县划出拨归万宁县管辖，兴隆生产大队也从兴隆公社剥离出来，恢复为国营兴隆华侨农场。其后，中央华侨事务委员会为了加强领导，委派在北京任中国华侨事务委员会干部学校校长的张奋担任国营兴隆华侨农场党委书记，詹力之为场长。农场提出“热作为主，粮食并举”的方针，以应对当时的实际困难。接着，又提出“空地不闲、寸土必争、每个劳动力种一亩粮食作物”的口号，鼓励职工和家属在房前屋后、田间地头都种植杂粮、瓜豆、蔬菜，并养殖家禽家畜。据农场老职工回忆，仅用半个月，农场就种下粮食作物3000亩，同年收获粮食达1393吨。经过全体职工的艰苦劳作，终于战胜困难，度过了兴隆历史上最困难的时期。

生产建设兵团 1969年4月，国营兴隆华侨农场改编为广州军区生产建设兵团2师8团，包括东兴农场、新中农场、东和农场、南林农场、岭门农场等农场在内，每个农场改制为一个团；师部设在原兴隆华侨农业学校和福建华侨大学热带作物系校址，团部就是原来的农场场部，原场领导均为副团长，各管区主任、副主任改称营长、副营长，生产队队长、副队长均为连长、副连长、指导员、副指导员，还配有司务长和文书。

兵团成立后，各连队加强后勤工作，增加种菜班的人数，每个连队都有专人养猪、养鸡，各营组织专业人员到山区砍木料建房子，每个营都有一个专业基建队，建设很多配有小厨房、洗澡间的“套房”，以改善兵团战士的住房。

1974年9月，广州军区生产建设兵团撤销，建设兵团所属的师、团、工厂和医院移交给广东省农垦总局，总局下设海南农垦局和湛江农垦局；海南农垦局负责接管全海南岛各师、团和兵团在海南所建工厂及医疗单位。

国营兴隆农场 撤销生产建设兵团后，兴隆归农垦系统领导。由于受“文化大革命”影响，全国的华侨工作还没有恢复，所以农场名称为国营兴隆农场，农场恢复“三级管理、二级核算”的体制（三级管理为农场、管理区、生产队，农场和生产队为核算单位，管理区是农场的派出机构）。农场机关也基本恢复了“文化大革命”前的组织机构：党委系统设政治处、组织科、宣传科、教育科、保卫科、武装部；行政系统设行政办公室、人事科、生产科、畜牧科、经营管理科、供销科等；管理区设党总支正副书记、正副主任、政治干事、会计与统计和出纳保管等工作人员；生产队设党支部书记、正副队长、会计与统计和出纳保管等；管理区和生产队的干部基本上是兵团时期的原班人马，因此农场组织机构的转换，对管理区、生产队基层干部影响不大，农场的生产和工作照常进行。1978 年 1 月，国营兴隆农场改归广东省华侨农场管理局领导，农场名称再次更名为广东省兴隆华侨农场。

兴隆华侨农场与兴隆华侨旅游经济区 1983 年，兴隆华侨农场开始进行部分作物联产承包到户、到人，以收抵支，超收分成或超收部分全归承包户的管理方式。农场职工从原来的一个单纯劳动者转换成为既是劳动者又是经营者的地位，职工的积极性得到全面调动。1984 年，兴隆华侨农场进行体制改革，实行家庭联产承包责任制，由职工开办家庭农场。打破“铁饭碗”制度，取消职工工资级别，将农场农作物和经济作物承包给职工经营管理，直接与职工订立岗位合同书，每位职工承包一个岗位，承包期限为 5 年。每位职工的岗位任务是：割橡胶 540 株，种植咖啡 60 株、胡椒 300 株、水稻 5 亩，橡胶中、小苗抚管 500 株。同时，给职工预支生活费，年终结算，以产定值，调动广大职工勤劳致富的积极性。同年，农场对所创办的工业企业进行改革，将木工家具厂、机械厂承包给班、组和家庭，对砖厂核定上缴利润，根据超收分成的原则进行管理；大米加工厂施行领导人集体抵押承包；汽车队化整为零，将部分汽车分拨给胶厂、砖厂等使用，剩余车辆卖给司机或其他职工用以运输；拖拉机队也实行把拖拉机卖给职工私人经营的模式。与此同时，把原行政编制的部分科室，如农牧科、基建科、机务科、供销科、供电所等，按其职能转变为自负盈亏的四大公司，即畜牧公司、基建公司、水电公司、供销公司，商业经理部也改为商业公司。

1988 年 4 月，海南建省办经济特区后，兴隆华侨农场先后归海南省人民政府侨务办公室、海南省外事侨务办公室、海南省国有资产委员会管理，农场的各项事业得到飞速发展并更名为海南省兴隆华侨农场。特别是 1993 年 2 月，经海南省人民政府批准，兴隆华侨农场创建兴隆旅游度假城之后，兴隆华侨农场的建设进入一个崭新的发展时期。先后兴建了温泉宾馆、华侨旅行社、兴隆饭店和一座占地面积为 5000 平方米、内设 502 个摊位的华侨购物城，既为下岗职工及其家属提供良好的就业机会，又促进墟镇市场商品交易的发展繁荣。引进外资，办起了内联采矿厂、钛矿精选厂、铁钉厂、农塑胶厂、沙发厂及椰子育种有限公司、咖啡种植公司等工农企业，先后建起工人俱乐部、灯光球场、图书馆等配套设施，电视卫星地面接收覆盖全场各生产队。1982 年，德意志联邦共和国红十字会援建的兴隆华侨农场医院（后更名为兴隆红十字医院），使广大归难侨职工看病治疗有了保障。1986 年起，实行九年制义务教育，小学、初中学生全部得以免费入学。

2007 年 3 月 13 日，国务院制定《国务院关于推进华侨农场改革和发展的意见》（国发〔2007〕6 号），明确华侨农场归地方政府管理。按照国务院的意见精神，2007 年 6 月 25 日，海南省人民政府制定《海南省推进华侨农场改革和发展方案》。万宁市政府也相应制定《万宁市推进华侨农场改革和发展工作方案》和《兴隆华侨农场改革发展初步方案》，认真做好兴隆华侨农场移交地方政府管理的各项工作，成立万宁市兴隆华侨旅游经济区（保留兴隆华侨农场牌子），设置中共万宁市兴隆华侨旅游经济区工作委员会，万宁市兴隆华侨旅游经济区管理委员会作为中共万宁市委、万宁市人民政府的派出机构，为副处级建制，以兴隆华侨农场原有的十个作业区为基础，相应成立十个管理区，作业区和管理区合一。

开发南旺 1956 年，兴隆华侨农场建立不久，为了扩大规模，开始筹建第八作业区，选址在南旺。青年突击队接到任务后，首先开进南旺开山辟地，环山修筑梯田，经过三年多时间的奋斗，使南旺荒山变为良田。1959 年，农场接受种植橡胶的任务，选种的是 PB86、GI 等高产品种，须经芽接再大田定植。芽接的工作地点安排在南旺。不久，兴隆再派专业团队开赴南旺橡胶苗圃进行芽接工作，为其后大面积种植橡胶提供有力保障。1968 年，兴隆规划在南旺（第八管区 55 队的铜铁岭山下）修建一座灌溉水库，灌溉河东的大片农作物，以保障水稻、胡椒等农作物的收成。下半年开始，大批农场的建设者开始进入水库工地。工人主要是来自各管区生产队的青壮年和兴隆中学 1967 届、1968 届两届的毕业生。工人按部队编制，一个管区的工人为一个连，连下再分排、班。兴隆中学的毕业生按所属管理区分归各连。共分成了 6 个连队，总人数有六七百人。填筑大坝主要靠人工，采用“三班制”轮流工作，每隔八小时换一次班，人挖肩挑，使用的主要是锄头、扁担、铁铲、钢钎、簸箕、手推车等原始工具，劳动强度非常大。1969 年下半年主大坝筑好后，90% 的工人撤离水库，大部分回到原单位，只留下 10% 的工人继续填筑附坝和做其他收尾工作。改革开放后，南旺水库成为兴隆热带花园的一个景点。水量丰富的时候，浩瀚的水面或波光粼粼，随风荡漾；或水平如镜，倒映蓝天。青山环绕，山水相连，船行碧波上，人在画中游。美丽的湖光山色吸引了众多游客光顾。

与手推车合影的青年突击队队员

农场最早使用农业机械收割的场景

农业机械化 至1973年，兴隆的联合工厂汽车队有各类汽车二十多辆、胶轮拖拉机十多辆、推土机七八辆，全队驾驶人员、机手、修理工、搬运工和干部近百人，当时汽车队担负着全场近3万人的生产、生活用车任务。

1975年，农场成立机运队。全队围绕全场农田机耕、开整土地、扩大水田面积、开展机耕作业，在短时间内，全场水田面积达到8000多亩，其中近半数的田块实现机耕作业。在加强田间管理基础上，水稻产量大幅度提高，平均亩产从原来100多千克提高到400多千克，最高单产达到600千克。1976年，农场又在全场发展农业机械化，作业区纷纷成立了机耕队。当时的兴隆农场共组建了6个机耕队，除第一、第二作业区地处山区，水稻生产面积小，其余6个作业区均建立机耕队。每个机耕队配备6 ～ 7辆胶轮拖拉机，1 ～ 2辆推土机；各队均设有职工宿舍、食堂、车库、油库、办公室等。农忙时机耕、犁耙，农闲时跑运输，改善了各作业区机耕运输条件。

万亩橡胶园大会战 1977年春，兴隆为了加快改变橡胶管理的落后面貌，集中全场主要劳动力，组织万亩橡胶园大会战。把第一、第二管理区的橡胶林段修建成高标准化的梯田。

为了搞好这次大会战，农场成立大会战指挥部。指挥部下设宣传组、质量验改组、后勤组、医疗卫生组。各组人员由场部科室和医院抽调人员组成，指挥部设在第二管理区区部。参加会战的各管理区和直属单位的队伍，除第一、第二管理区队伍在本单位外，其他管理区和直属单位的队伍则按指挥部分配的战斗林段所属生产队安营扎寨。

大会战开始以后，昔日寂静的山区沸腾起来，各管理区的土广播站播放着雄壮的革

万亩橡胶园大会战动员大会

奋战 20 天，万亩标准化高产橡胶园终于建成

命歌曲，广播员不时播出你追我赶的竞赛场景。工人们挥舞着锄头挖开泥土，然后用拖板将泥土拖到后面筑起土埂，再将土夯实，在内壁开一条压青沟，将挖压青沟的土拉平，形成了一亩亩梯田。

这次会战，仅用 20 天时间就完成万亩橡胶管理标准化梯田的修建工程。使第一、第二管理区的橡胶林段面貌一新。同时，也为各管理区的橡胶管理做出了样板。

兴建沉香湾水库 1982 年，联合国粮农组织给兴隆援助 31.8 万元，兴建沉香湾水库。农场党委会议决定后，立即着手做好准备工作，组织技术人员勘测库区集雨面积、水库总容量、主坝的地质情况以及排水渠道走向、各级水电站的厂址等详细数据，请求海南行政区公署水利电力局派工程师和设计人员协助设计。

万亩橡胶林（2017 年）

4000 多名干部、职工响应农场号召，奔赴沉香湾水库工地

沉香湾水库

沉香湾水库大坝建设工程在指挥部指导下，经农场干部、职工和民工等数千人的共同拼搏，于 1983 年 4 月完成拦洪断面，安全度过洪水期。至此，沉香湾水库大坝建设会战胜利结束。建成后的沉香湾水库属中型水库，控制集水面积 33.46 平方千米，处于海南暴雨中心区，大坝为均质土坝，坝顶高程 163.0 米，最大坝高 50 米，坝顶长 280 米。迎水坡平均坡比为 1∶3，背水坡平均坡比为 1∶2.62。毛坝土石方工作量达 62 万立方米。大坝设计水位 158.5 米，正常水位 157.0 米，枯水水位 138.0 米。

至 1984 年，沉香湾一级水电站、第五队二级水电站相继建成发电，加上第十一队三级水电站和石栏门四级水电站发电，不仅可供应农场工农业生产所需电力和农场职工生活用电，还可供应周边一些单位生活用电。

侨务工作

华侨组织

至 2017 年，在兴隆华侨旅游经济区内设置侨务与外联办公室，负责兴隆侨务和外联工作、协调兴隆重要涉外活动、处理或协助处理兴隆涉侨事件、维护归侨侨眷权益。

同时，兴隆华侨先后成立兴隆归国华侨联合会、兴隆华侨农场印尼侨友会、兴隆华侨农场新马泰侨友会等组织。侨务与外联办公室和华侨组织广泛团结归侨、侨眷，积极促进了海外侨胞与祖国进行经济合作和科技交流。

兴隆归国华侨联合会 兴隆归国华侨联合会（以下简称为侨联）于1982年成立。侨联始终坚持保护和发扬侨胞爱祖国、爱故乡的光荣传统，广泛地团结海外侨胞和归侨、侨眷，为促进祖国的建设和统一大业做出积极贡献。侨联全力支持下属两个侨友会（印尼侨友会和新马泰侨友会），根据各自特点，经常组织归侨职工开展文艺、体育、健身等活动，以及各种形式的联欢活动，起到凝聚侨心，团结侨力的作用。侨联还加强和工会的联系，拓展了侨联的工作面，使侨联的工作更充满活力。2001年9月，侨联邀请中国侨联主席林兆枢参加兴隆华侨农场50周年场庆，并为爱国主义教育基地暨兴隆华侨农场陈列馆揭牌。2011年年底，中国侨联主席林军到兴隆考察、慰问归难侨，并分别为兴隆及兴隆热带花园等题词。此外，林明江、郭麟恭、林淑娘、李祖沛、李本钧、王永乐等也先后到兴隆华侨农场考察、慰问。

2002年10月，侨联被海南省侨联授予“1996—2001年度全省侨联系统先进集体”称号。2004年6月，被中国侨联授予“中国侨联工作先进集体”称号。2007年8月，被海南省侨联授予“2002—2007年度全省侨联工作先进集体”称号。2009年7月，被中国侨联授予“全国侨联系统先进基层组织”称号。黄炳松、梁森奎、冯炜、郑文泰等先后荣获“全国归侨、侨眷先进个人”荣誉称号。陈德福、杜燕生先后荣获“全国侨联系统先进个人”和海南省“侨联先进工作者”荣誉称号。郑文泰和朱德民被海南省政府授予“赤子楷模”荣誉称号。侨联委员余永华当选为第十一届、第十二届全国人大代表。2014年12月，郑文泰在第九次全国归侨侨眷代表大会上，被中华全国归国华侨联合会、国务院侨务办公室授予“全国侨界十大杰出人物”称号；2017年，被中共海南省委宣传部、海南日报报业集团授予“感动海南十大人物”称号。

兴隆华侨农场印尼侨友会 兴隆华侨农场印尼侨友会成立于1999年9月26日，至2017年会员有300多人，为兴隆华侨农场归国华侨联合会团体会员，属民间群众团体。侨友会旨在发扬海外赤子热爱祖国的光荣传统，传承侨友间团结友爱、互相帮助的精神，广泛联系印尼侨友，增进友谊，交流文化，开展特色文化联谊活动，为兴隆侨乡的发展与繁荣发挥光和热。创会以来，先后与海南、云南、广东、香港、台湾等地的印尼归侨联谊会、侨友会、校友会和印尼驻中国使馆、印尼侨团建立并保持联系。曾邀请印尼驻华大使苏德拉查、印尼驻广州总领事苏维托、印尼客属总工会主席吴能彬等参加兴隆印尼侨友会座谈和联欢活动。2000 年，成立印尼侨友会“华韵”文艺团，邀请印尼教师到兴隆执教舞蹈，举办印尼语培训班，演出印尼歌舞和东南亚风情歌舞等，活跃侨友们的文化娱乐生活，并出版《印尼侨友》会刊，舞蹈《太阳河风情》荣获 2005 年海南省“国资杯”一等奖。

兴隆华侨农场新马泰侨友会　兴隆华侨农场新马泰侨友会成立于 2001 年 5 月 26 日，至 2017 年有会员 615 人，为兴隆华侨农场归侨联合会团体会员。该会创建以来，坚持为农场建设发展服务，为广大归侨侨眷服务。围绕维权、联谊、关爱、办实事、做好事、营造和谐社会氛围等主题，开展形式多样的活动。每年春节、“三八”妇女节、“九九”重阳节等节日，分别组织会员座谈、联欢、团拜、参观游览，多次组织侨友外出游览观光。坚持上门拜访、慰问工作，开展送温暖、献爱心活动。配合侨联开展联谊、接待和依法维权活动。引导会员和农场老年人参加锻炼，帮助引导老年人培养健身意识。2001 年，自筹资金出版会刊《新马泰侨友报》，坚持每季度出版一期，赠送国内外侨友会。至 2017 年，《新马泰侨友报》已出版发行 58 期。与香港新马研究社合作编辑《新马归侨抗日抗英名人录》。2004 年，组建侨友会文艺宣传队，分设工厂文艺小组、夕阳红文艺小组。至 2017 年，文艺宣传队参加各种联欢演出达 422 场。

侨联事务

侨联工作是党和政府联系广大归侨侨眷、海外侨胞的桥梁与纽带。侨联是归侨、侨眷之家，时刻把广大归侨侨眷的生产、生活放在心上，经常关心归难侨中的弱势群体，办理好华侨子女、贫困生的助学工作。侨联致力于做好归难侨、侨眷的调查统计，为归难侨职工进行各类技术培训，提高种植、养殖技能。为归难侨职工办理离退休证明手续，为到兴隆定居的外籍华人建立个人信息档案等。侨联积极参与企业文化建设，把参与侨乡文化和建设国际旅游岛、建设企业文化联系起来，把侨办工作和企业文化建设有机联系起来。兴隆独特的热带侨乡人文文化，对活跃归侨文化生活，凝聚侨心，形成健康向上的社会氛围，促进和谐侨乡建设起到重要作用。

维护侨益　除配合全国侨联、国侨办、省侨联、省外办、市侨联和市侨办做好各项慰问调研统计之外，每年春节期间还走访慰问病困归侨，认真做好接访工作，构建农场、橡胶实业总公司及下属各分公司、侨友会（团体会员）三级“侨网”，全场 17 名侨联委员，62 名归侨、侨眷代表活跃在兴隆各行各业，根据行业的特点和实际，在党组织指导下开展侨联工作。据统计，2012—2017 年，共走访慰问病困归侨 126 户，调解土地纠纷、饮用水、道路修通等问题 14 宗，为 31 名无法办理居民身份证的难侨和越南籍来华定居人员建立个人信息档案。

捐资助学 2012 年，兴隆侨联、侨办与经济区工会联合发起“金秋助学”活动，区内企业积极响应，共有 14 家企业参加了捐资助学，赞助困难职工家庭的学生 20 户、22 人，每位学生资助 5000 元，共捐资人民币 110000 元。做好特困生助学工作。共为 128 名归难侨子女办理“三侨生”申请审核工作，并与彭瑞安教育福利基金会沟通资助归难侨子女、特困生。另外还积极向市侨联、市外事办争取侨办助学名额，至 2017 年，共捐助学生 100 多人，累计捐资 35 万元。

扶贫帮困 2012—2017 年，多次配合海南省侨联、省安难办等开展“送科技、送医药、送法律、送文化”的“四下乡”活动，发动组织全区干部、职工约 750 多人次参加，并得到广大归侨侨眷的好评。发放侨法宣传册 530 多份和一大批农科资料，做好咨询服务工作，热情为广大归侨和侨眷讲解相关法律法规与涉侨政策，使广大归侨、侨眷了解自己的权利和义务，更好地维护自己的合法权益。为归侨、侨眷送医送药 400 多人次。开展“三联三问三解”（联村、联户、联企，问政、问需、问计，解民忧、解民怨、解民困）活动。开展结对帮扶。侨办领导班子成员均有对应的帮扶对象，其中侨办多次走访慰问困难归侨职工，帮助他们解决生活中的困难。办实事、解民困。在做好结对帮扶的同时，侨办领导多次深入橡胶第一分公司 7 队、第三分公司 17 队、第五分公司 39 队，了解住房的困难情况，为归侨危房进行改造。在各大节日期间，大量走访、了解困难职工生活情况、居住环境和身体状况，为其送上大米、食用油和慰问金。

文化交流 2012—2017 年，兴隆侨联多次受邀赴北京、天津、西安、云南、珠海、福建、杭州、香港等地区及印度尼西亚等国家开展文化交流工作。举办各类文艺会演、联欢晚会，丰富了兴隆广大归侨、侨眷的日常生活。2013 年 4 月 20 日，兴隆侨联、印尼侨友会、新马泰侨友会与儋州市印尼侨友会在工会广场开展联欢晚会，3000 多人观看联欢晚会。2014 年 10 月 2 日，协同新马泰侨友会在工会广场开展庆祝重阳节的文艺表演活动，农场有 1000 多人到现场踊跃观看；10 月 5 日，侨联协同兴隆农校校友会在兴隆银湖酒店举行兴隆农校第 10 次校友聚会活动，到场参加活动的校友达 100 多人；11 月 13—19 日，由兴隆侨联策划承办的“兴隆归侨知青下乡 50 周年纪念活动”隆重举行，142 位国内外的兴隆归侨知青参加了此次活动。

支持侨友会 兴隆华侨农场归国华侨联合会是兴隆印尼侨友会和兴隆新马泰侨友会的业务主管单位。两个侨友会，根据各自的特点开展活动，彰显出不同的特色：印尼侨友会在歌舞联欢、组织春游、对外联谊方面做得比较突出；而新马泰侨友会在健身运动、家访、慰问活动方面较突出。两个侨友会互相学习和交流，取长补短，共同发展。

对外交流 兴隆作为“华侨农场的一面旗帜”，在对外交流中发挥巨大作用，1960—2017 年接待许多国际友人，增进了中国与各国的友好关系。

1960 年春，美国作家斯特朗到兴隆，与兴隆华侨农场的侨胞们一起过春节，并在温泉招待所写出如实反映归侨生产和生活的报道文章。3 月，越南民主共和国主席胡志明看望兴隆的侨胞们。5 月 28 日，泰国前总理乃比里访问兴隆，并送给兴隆华侨农场数株泰国杧（芒）果树苗，象征着中泰两国人民友谊的杧果树在温泉招待所落地生根，开花结果。1961 年 2 月 22 日，中苏友好协会代表团团长康斯坦丁诺夫、副团长达尼诺夫率领代表团成员到兴隆参观。1964 年 4 月，越南民主共和国总理范文同到兴隆农场考察。

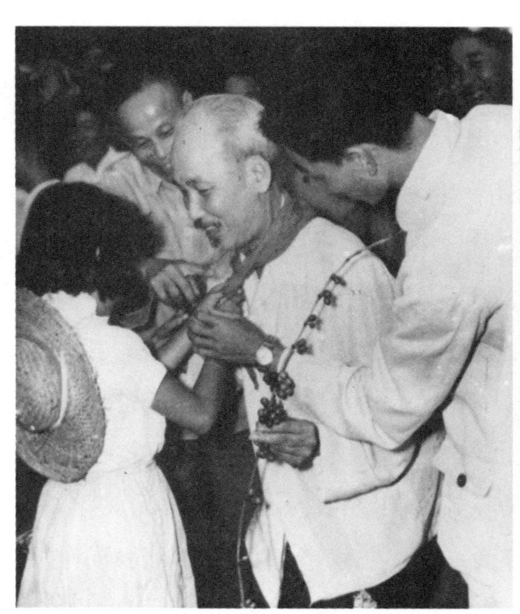

1960 年 3 月，12 岁的印尼归侨王廷群（左）为到访的胡志明（右）戴红领巾

1964 年 4 月，越南共和国总理范文同（左一）到兴隆农场考察

1996年3月24日，泰国检察官代表团到兴隆热带花园参观。1996年10月26日，日本国兵库县友好代表团到兴隆访问。1997年4月6日，菲律宾宿务省代表团到兴隆热带花园参观。2006年4月22日，密克罗尼亚联邦总统约瑟夫·乌鲁塞马到兴隆热带花园参观访问。

2000年，乌克兰议长一行及陪同人员参观访问兴隆；同年，韩国前国务总理金汉圭访问兴隆。2012年2月12日，莫桑比克总理艾雷斯·阿里一行35人，到兴隆热带花园参观，兴隆侨联完成了此次重要的外事接待任务；11月7日，马来西亚沙捞越州访问团一行30多人访问兴隆，兴隆侨联随行陪同；年内与印尼侨友会一起开展“邦华乡亲相聚兴隆”活动，安排接待了来自印尼以及中国香港、广州、南宁、泉州、内蒙古自治区、海口、兴隆的印尼邦加邻岸华人、华侨共120人，通过座谈、宴请、联欢、旅游、参观等活动，深化了友谊，丰富了海外联谊的内涵。2013年11月5日，兴隆侨联接待了印尼总领事阿里特·萨迪卡和领事安迪，印尼驻广州总领事及夫人等一行5人；12月8日，接待马来西亚万宁青少年寻根之旅活动人员。2015年7月20日，印尼《千岛日报》资深记者沈慧争及北京市侨办主任助理沈小红一行到兴隆观光考察；9月中旬，澳门印尼侨友会40多人在伊莎娜印尼餐厅与兴隆侨友会人员座谈。

国际援助

联合国难民署援建 1981年，联合国难民事务高级专员办事处先后援助兴隆兴建学校、职工培训中心等工程，共计援助77.7万美元。兴建小学3所：1981年年底项目动工，1982年9月竣工交付使用，援助资金15万美元，工程总开支超支5.09万元人民币，由兴隆华侨农场无偿支付。兴建职业培训中心1个（后改为兴隆第三小学）：1984年4月项目动工，1985年1月竣工，同年8月交付使用，援助资金30万美元，工程总开支超出16.84万元人民币，由兴隆华侨农场垫支。援建饮水工程：1987年1—12月，由联合国难民事务高级专员办事处援建兴隆华侨农场饮水工程11宗，援助资金13万美元，工程超支130552元人民币，由兴隆华侨农场垫付，该项目解决了15个安置难民较集中的生产队用水问题，使625户、2500多名难民和其他375户、1500名归侨职工受益，使广大难民安心生产，发展农场的经济建设。1991年，援助种植橡胶1125亩，援助金额85万美元，至1991年年底开荒1125亩种植橡胶，7年后投产。

联合国难民署官员在兴隆

外国友人在兴隆热带花园访问交流

德意志联邦共和国红十字会援建 德意志联邦共和国红十字会援助扩建兴隆华侨农场职工医院工程并向医院赠送医疗设备。德意志联邦共和国红十字会于1982年年初援助200万马克，折合人民币1000多万元，为农场职工医院扩建医疗技术室，建设面积达900平方米，内设心电图室、脑电图室、手术室、化验室、超声波室、B超室等。红十字会还从德国购买各种医疗器材187种支援兴隆华侨农场职工医院，这些医疗设备相当于德国当时县级医院的设备。为了感谢德意志联邦共和国红十字会的援助，兴隆用大理石雕刻上“我院扩建得到德意志联邦共和国红十字会的援助”的纪念碑文，镶嵌在援建医疗室正面墙壁上。根据中国红十字会提议，后将广东省兴隆华侨农场职工医院易名为海南兴隆红十字医院。1982年6月3日，由德意志联邦共和国红十字会援建的海南兴隆红十字医院举行落成剪彩仪式，中国红十字会总会副会长杨纯、德意志联邦共和国驻华大使修德偕夫人参加剪彩，参加剪彩仪式的还有广东省人大常委会副主任罗天，以及国务院侨务办公室、广东省人民政府侨务办公室、广东省接待安置印支难民办公室、海南红十字会、兴隆华侨农场等有关领导。兴隆红十字医院在德意志联邦共和国红十字会的大力援助下，得到一批比较先进的医疗设备，农场干部、职工、难民以及家属看病治疗从此有了保证。

联合国粮食及农业组织援建 20世纪80年代初期，兴隆华侨农场领导班子需要解决吃饭和如何发展生产的问题。兴隆华侨农场地处半山区，平均年降雨量约2000毫米，雨水充沛，但由于降雨季节比较集中，往往是一连下几场暴雨，几小时后雨水大都流失，无法储存起来；到旱季，一些坡地和部分水田没有水可灌溉，有时连秧苗都无法栽种，造成减产或绝收。农场人口增加，工农业不断发展，用电量也大大增加，农场原有的几台柴油发电机所发出的电力，白天供应工厂的用电，晚上只能供应场部、医院、温泉招待所和中学用电，水和电成为农场发展的瓶颈。要突破这个瓶颈，只有兴建一个比较大的水库才能从根本上解决这些问题。中共兴隆华侨农场党委经过多次讨论，决定在第一管区1队兴建一座中型水库，既可用来发电，又可灌溉水田。恰在此时，国际上一些组织对新中国在20世纪70年代末接受安置的20多万名印支难民表示同情与支持，1982年，联合国粮食及农业组织向兴隆华侨农场援助31.8万元人民币，用于兴隆建沉香湾水库。

和谐侨乡 1962年之前，兴隆的人口构成比较单纯，主要是以归国华侨为主，周边有许多隶属万宁县管辖的农村大队，其土地与农场的土地接壤，有的农村被兴隆的一些单位所包围，成为“插花地”。归国华侨与当地村民在生产生活过程中虽交往密切，但土地纠纷还是时有发生，为了解决这一矛盾，当地政府与农场协商并征得村民的同意，于1963年和1965年分别将与兴隆接壤的永乐大队、永丰大队以及长征大队等，合并到兴隆华侨农场。农村加入农场后的40多年时间里，归侨与村民关系融洽、和睦。村民的后代在归侨子女占多数的学校中读书，他们的语言、举止、行为方式，备受归侨子女的影响；归侨的生活方式、饮食文化、服饰文化以及歌舞文化已经被兴隆海南同胞所接受，在兴隆，已经很难从一个人所用语言或衣着外表来判断其是否为归侨。

兴隆华侨农场曾经有一段引入人才的历史。中侨委下放干部、退伍兵和知青等都先后加入兴隆这个大家庭。改革开放后，兴隆地区市场一派繁荣。广东潮汕、丰顺、大埔地区许多蔬菜、瓷器、建材商人瞄准兴隆的商机纷至沓来。几十年来，外来的生意人与兴隆的归侨建立起平等的“买卖关系”。进入21世纪后，海南优良的生态环境逐渐被内地北方人所青睐，一批批“候鸟”纷纷到海南“筑巢”，其中有一部分人在兴隆购房安家。在兴隆的市场、街上和咖啡店等场所，经常可以看到“候鸟”的踪影。

历届职工代表大会 1953年5月中旬，集体农庄在太阳河畔的消费社（咖啡店）召开第一次职工代表大会，出席大会的代表约200人。1956年5月，国营兴隆华侨农场召开第一届职工代表大会第一次会议，正式成立国营兴隆华侨农场工会。至2011年，工会共召开12届职工代表大会，选举产生12任工会主席。此后，兴隆归万宁市政府管理，成立兴隆华侨旅游经济区管理委员会。

工会大楼

历届职工代表大会既要对农场工作进行总结，又要对农场的规划提出建议。会议集思广益，讨论改制后农场的各种规章制度和改革措施，统一农场职工的思想。广大职工群情振奋，进一步体会到工人阶级当家做主的主人翁地位，劳动生产的积极性空前高涨，对推动农场经济社会的发展有重要的现实意义和深远的历史意义。

兴隆历届职工代表大会情况表

表 5

届别	时间	主席
第一届	1956—1958 年	陈宝葵
第二届	1958—1961 年	李普照
第三届	1961—1975 年	姜仕选
第四届	1975—1979 年	姜仕选
第五届	1979—1982 年	姜仕选
第六届	1982—1984 年	姜仕选
第七届	1984—1988 年	杜考清
第八届	1988—1992 年	杜添江
第九届	1992—1996 年	廖岳波
第十届	1996—1999 年	廖岳波
第十一届	1999—2004 年	陈瑞英
第十二届	2004—2011 年	陈明源

历届归侨侨眷代表大会 兴隆华侨农场是全国最大的华侨农场，闻名国内外，农场广大归侨干部职工多年来希望有自己的组织。他们积极向农场党委提出建议，要求农场成立侨联。农场党委根据归侨干部、职工的热切要求，认真地做好成立广东省兴隆华侨农场归国华侨联合会的筹备工作，并于1982年正式建立侨联，至2017年已召开6届归侨、侨眷代表大会。

1982年11月4日，兴隆华侨农场归国华侨联合会第一届归侨侨眷代表大会全体人员合影

咖啡小镇

20 世纪 50 年代，东南亚的归侨们不但带回咖啡种子和种植技术，也将喝咖啡的传统、制作和冲泡咖啡的手艺带回兴隆，经过侨胞们的辛勤耕耘，逐步发展生产出了声名远扬的兴隆咖啡，许多党和国家领导人及国内外专家对兴隆咖啡赞誉有加。2007 年，国家质量监督检验检疫总局正式批准兴隆咖啡为“国家地理标志保护产品”。2009 年，兴隆实施《兴隆咖啡高产栽培技术示范推广》计划。2015 年，中国热带农业科学院与海南省万宁市政府共同创建万宁兴隆咖啡研究院，从咖啡种植入手，出台优惠政策，扶持兴隆咖啡的种植。

兴隆咖啡文化

领袖情怀，华侨情结，百姓情谊，是兴隆咖啡独特的文化内涵；地理条件、传统工艺、大众需求是兴隆咖啡具备的优良禀赋。兴隆地处热带和亚热带交界处的北纬 18°，兴隆咖啡属于中粒种罗布斯塔品系，主要产自兴隆周边 1000 平方千米的富硒土地，绿原酸含量仅次于牙买加的蓝山咖啡，位居世界第二。兴隆咖啡保留了咖啡的原香原味，香浓滑口、风味独特。咖啡豆富含咖啡因、还原糖、锌等，有抗衰老等功效。兴隆咖啡的独特之处还在于其特殊的加工工艺，华侨在世代摸索中形成了一种特殊的加工工艺——在咖啡豆炒制过程中加入牛油和砂糖，这样咖啡饮用时即使不加糖和奶，味道依旧醇厚，冲泡出的咖啡满屋飘香，色香味俱全，被人们称为“兴隆华侨传统风味咖啡”。

很多兴隆的归难侨在国外时就养成了喝咖啡的习惯，尤其是从印度尼西亚归国的

咖啡一条街一角

2000多名华侨。20世纪50年代归难侨回国时，每个家庭都带有咖啡粉或咖啡豆，少则几千克，多则几十上百千克。

1952年，兴隆开始种植咖啡。1953年，兴隆华侨引进中粒种品种开始大面积种植，兴隆实现“以短养长”的做法，即用咖啡、香茅、水稻等短期作物收入弥补橡胶等长期作物收入。至60年代初，兴隆咖啡种植面积已达4000多亩，年产干豆达30000千克左右。

20世纪50年代，兴隆华侨农场场部的咖啡店——消费社开始卖咖啡，这是兴隆的第一家咖啡店。此时印尼归难侨带回国的咖啡已全部喝完，正是“青黄不接”之时，消费社解决了他们的燃眉之急。当时，消费社里仅有无糖的苦咖啡可供购买。渐渐地，除了印尼归难侨，来自其他国家的归难侨以及本地的海南同胞也加入了喝咖啡的行列。

1963年以后，兴隆的咖啡豆产量逐年提高，足够供应全场干部职工。从生产队到场部的职工，都要到咖啡店喝杯咖啡、吃些糕点。生产队干部当中还流行“1角钱行动”，指的就是生产队领导和队委几乎每个晚上都要开会研究工作，一开会就要喝咖啡，与会的每个人都自愿拿出1角钱喝杯咖啡（时咖啡价每杯1角）这一现象。

1978年后，兴隆咖啡文化得到了进一步弘扬。兴隆的咖啡已基本满足兴隆市场需求。随着中国的改革开放，在兴隆华侨农场工会周边的街道上，一家家咖啡店陆续开张。于是，兴隆这一个人口仅3万多人的小镇，拥有了海南省最为集中、最具特色的咖啡一条街。据统计，兴隆有100多家大大小小的咖啡店，林林总总散布于咖啡一条街的街道两旁和兴隆的各个角落，喝咖啡的人数以万计，是全国绝无仅有的。游客来到兴隆都要品尝一下兴隆咖啡，并把它当作特产带回去。来到兴隆，无论是清晨徜徉在小巷之中，还是夜晚漫步于小街之上，都能感受到浓浓的咖啡香。大大小小的咖啡馆各有特色，共同的特点是厅堂中、水榭旁都挤满了兴隆咖啡忠实的顾客。

咖啡是兴隆人难以割舍的日常生活必需品。每天早上，兴隆大部分人上班前必到咖啡店里点“一盅两件”（即一盅咖啡、两件糕点），匆匆吃过后才赶去上班。兴隆人到咖啡店里喝咖啡，总要约上几个亲朋好友一起，聊天南海北、古今中外的奇闻逸事，悠然自得，形成了一种独特的兴隆咖啡文化。兴隆人喝咖啡的场合很多，每年兴隆本地人都要消费掉近100吨咖啡，平均每人每天要喝掉3杯咖啡。曾经的兴隆，若是能带上一盒兴隆咖啡作为走亲访友的礼物，是很有面子的事情。每逢春节，全海南岛的人都想尽办法买上一斤兴隆咖啡做年货，兴隆咖啡在当时可是海南人只有在过年过节时才舍得喝上一口的奢侈品。直到今天，就着油条喝一杯传统华侨风味咖啡，成了每一个兴隆人的日常习惯。也正是这种扎根于寻常百姓家的咖啡文化，支撑着兴隆的咖啡产业历经市场波折，延续至今。

至2017年，兴隆有古村、隆苑、南旺、咖啡谷等基地；咖啡加工厂发展至20多家，大部分为家庭作坊。其中，最大的是兴隆华侨农场咖啡厂。在东南亚相传着这样一句顺口溜："潮州粉条福建面，兴隆咖啡人人传。"据说，东南亚大部分的咖啡店都是由海南人经营的，所以说，人们称兴隆是中国的第一咖啡小镇一点也不为过。

兴隆咖啡的兴起 兴隆地区原是黎族同胞聚居的地方，历史上未发现有种植咖啡的记录。1951年开始安置归难侨后，首批拓荒者在东南亚各国生活多年，已养成喝咖啡的习惯，而兴隆地区的自然环境、土壤条件与东南亚各国又颇为相似，很自然地就开始了种植咖啡。最初是从附近的礼纪、南桥等处购回大粒种的咖啡种苗进行培育定植，因种苗品质差，管理不周而大部分死亡。1953年开始，兴隆华侨农场从外地购回中粒种的咖啡种苗，最早植于兴隆古村的老山，共109.7亩、12505株；其后，陆续在农场场部对面的渡能头及古村的西山、南山等地种植211亩、约24000株，在日本山、东山等地种植共205亩、约23700株。从1953—1956年，古村咖啡队共种植咖啡525.9亩，共6万多株，这是兴隆中粒种咖啡的策源地。

为了加速扩大咖啡的种植面积，1956年后在石村咖啡队、新四区（今32队）建立咖啡育苗基地，从而彻底解决咖啡种苗的来源问题。从那时起，在30队、畜牧队、32队、33队、34队、35队之间长形地带范围，先后种植咖啡1000多亩，这是兴隆20世

咖啡园

纪60年代中期前面积最大且又连成片的咖啡园。随后在沙田区（21队）至石栏门（电站队）、山工队（14队），二站（11队）至三合水（13队）、牛牯田（9～12队）等地，沿公路两旁都开垦种植了咖啡，至1959年共种植5127亩。1956—1966年，年平均亩产干豆15.1千克，最高年产也只有20千克，与同期世界咖啡亩产28.67千克相比，兴隆咖啡的亩产量偏低。

1964年开始，兴隆华侨农场认识到要发展兴隆咖啡，除了增加种植面积外，首先要重视科学技术和增加资金的投入，经过认真总结前10年咖啡生产上的经验和存在的问题，经过一系列保土措施和更新复壮方法的应用，三年后，咖啡园迅速恢复了勃勃生机，枝繁叶茂，硕果累累。1967年，兴隆华侨农场总产咖啡干豆达62.3吨，平均亩产59.7千克，比前10年的平均亩产提高近4倍，创造兴隆咖啡第一次高产纪录，首次超过同期世界咖啡的平均亩产水平（1967年，世界咖啡平均亩产干豆30.4千克）。其时，古村咖啡队的咖啡园506.9亩共58184株，1967年收获干豆总产量达45.15吨，亩产平均达到89.1千克，成为兴隆咖啡生产的样板。这样大面积的中粒种高产纪录，创造了海南当时的高产纪录。

咖啡低迷时期 在“四清”运动后，第五管区范围内500～1000亩的咖啡面积，逐步改种了胡椒及橡胶等经济作物。1968—1970年，又受到“文化大革命”“极左思潮”的影响，在“喝了咖啡心肝会黑”“咖啡是为资产阶级服务”“工农兵不需要咖啡”等言论驱使下，兴隆禁止买卖咖啡，咖啡树被当作盖房子的材料和燃料，余下的失管荒芜。据不完全统计，仅经过四年运动，兴隆的咖啡种植面积从1967年1044亩的收获面积至1971年年底仅存480亩；年总产咖啡干豆从62.35吨急剧下降至2.3吨，年亩产量也从59.7千克降至4.8千克。

1972年后，党和国家领导人对兴隆咖啡的生产表示深切的关怀，多次指示要在保护好原有幸存的老咖啡树的基础上，加速恢复和发展兴隆咖啡，争取3～5年内将兴隆咖啡的产量达到或超过历史水平。当时兴隆的领导也采取了积极的措施，分别在古村咖啡队、武装连、第一管区6队、第七管区46队、第七管区59队等地建立了苗圃，开始大量培育产量高且最适宜兴隆种植的中粒种咖啡苗。除将古村咖啡队种植区域咖啡进行更新再种外，第五管区35队及鹿场山、胶厂路一带率先种植咖啡约300多亩。此后又规划第一管区6队、8队之间的荒地，第七管区59队至第八管区之间的旱田及坡地，第五管区33队与第六管区40队、第七管区46队之间的原油棕园等，作为咖啡新的发展

咖啡果

区域，总面积约有 3000 亩。当时正处于政治运动时期，农场主管生产的领导频繁调换，而规划选择的咖啡种植地多数处在水源、肥料缺乏，交通条件差，常年风大、易干旱的地方，遭到多数人的反对而未实现这一规划。

由于老咖啡园在急剧衰退，新植的咖啡林管理不到位，特别是古村咖啡队利用老咖啡园再种咖啡，植后初生尚可，进入第三年，生长态势明显衰退，植株逐渐死亡。后经过反复补种，林相极不整齐，长势欠佳，导致咖啡园产量不高，农场的咖啡收获面积及产量不断减少。据 1978 年统计，当年年底仅存咖啡收获面积 190 亩，总产咖啡干豆 850 千克，平均亩产仅 4.5 千克。

咖啡的全面恢复发展期 中共十一届三中全会的召开奠定了改革开放的基础，从此，兴隆的咖啡生产迎来了一个飞速发展时期。兴隆华侨农场上下形成共识——要把久负盛名的兴隆咖啡加速恢复和发展起来。为此，农场初步建立起岗位联产五年承包责任制。以 5 亩面积（约 600 株）作为一个标准岗位，核定给每个岗位的年总费用为 1887 元（其中，上缴农场的四项管理费 353 元，折旧费 266 元），实际直接生产费用为 1267 元（其中，工资 805 元，肥料、农药、工具费等共 462 元），规定每个标准岗位每年上交农场一级咖啡鲜果 1110 千克（相当于干豆 222 千克）。超过任务的部分产品，全部由农场收购，所得的产值除上交农场 20% 外，其余归承包者所得。这一方案实施后，保证了年每亩咖啡的实际抚育管理费用达到 253 元，有较高的社会效益，激励农场及职工的工作积极性，促进了咖啡的生产和发展，兴隆的咖啡生产进入了良性循环。

在主管生产的农场领导和科技人员的努力下，经过 5 ~ 6 年的时间，制定、补充、修改、完善了一套“农场咖啡的栽培技术及规程”，并选出了兴隆咖啡第二代优良母树，20 世纪 80 年代以来的新植咖啡面积良种化率均达 100%。与此同时，又试验成功老咖啡

树在更新改造前先实行大田芽接，至成活后再更新的嫁接技术。这些先进的科研成果在生产应用上取得了成效，先后获得省、部级有关主管部门的肯定和奖励。兴隆的联产承包政策，对兴隆的咖啡生产复兴起到重要的促进作用。

1980—1988年的近10年中，兴隆咖啡平均亩产干豆达到36.7千克，比前十年（1970—1979年）的实际亩产（9.5千克）提高了2.86倍，比同期世界咖啡的平均亩产（34.9千克）的水平高5.16%。兴隆咖啡干豆总产、亩产先后两次超过1967年的高产纪录。其中，1988年总产咖啡干豆135吨，平均亩产干豆63.8千克，是产量最多、亩产最高的年份。为了使兴隆咖啡在品质上能保持原来的声誉，在施肥方面坚持按传统的栽培习惯，以施有机肥为主，每年还要进行深翻改土，常年以杂草覆盖植行。原来浅薄、贫瘠的咖啡园经逐年改造后，土壤的理化性能得到改善，增强了保水、保肥能力。由于大量施用有机肥，对提高兴隆咖啡的芳香物质及咖啡因含量有着积极的作用和显著效果。1988年，海南热带作物学院对兴隆咖啡的含量作了测定，分析结果表明，兴隆咖啡的咖啡因含量高达2.28%。

1994年开始，兴隆华侨农场将咖啡园实行市场"放开"经营的方式，由承包者自费经营。2006年，兴隆咖啡种植面积为462.19亩，干豆产量17.4吨。至2017年，兴隆咖啡的种植面积开始逐步扩大，达到766.74亩，收获面积380.62亩，年产量34.42吨。

表6

1952—2017年兴隆咖啡面积产量情况表

年份	种植总面积（亩）	当年种植面积（亩）	收获面积（亩）	总产干豆（千克）	亩产干豆（千克）
1952	97	—	—	—	—
1953	308	211	—	—	—
1954	640	322	—	—	—
1955	640	—	—	—	—
1956	1635	996	97	1850	19.1
1957	3142	1467	481	6100	12.7
1958	4069	1477	670	1000	1.49
1959	5127	1058	2016	23850	11.8

续表 6

年份	种植总面积（亩）	当年种植面积（亩）	收获面积（亩）	总产干豆（千克）	亩产干豆（千克）
1960	4130	12	1500	28300	18.9
1961	3405	10	1868	37350	20.0
1962	2665	20	1964	21550	11.0
1963	2338	—	1895	20000	10.6
1964	2261	—	1359	15250	11.2
1965	1026	—	865	13750	15.9
1966	1140	74	1044	15050	14.4
1967	1140	—	1044	62350	59.7
1968	1140	—	993	24900	25.1
1969	1162	—	740	10750	14.5
1970	933	—	897	17000	19.0
1971	933	—	480	2300	4.3
1972	933	—	521	1600	3.1
1973	1016	210	425	3350	7.9
1974	1144	128	438	4650	10.6
1975	1065	—	264	600	2.3
1976	1108	22	249	3050	12.2
1977	869	35	232	3400	14.7
1978	902	65	190	850	4.5
1979	815	210	326	5050	15.5
1980	1248	429	320	7350	23.0
1981	1470	252	312	4400	14.1
1982	1678	194	351	16500	47.0
1983	1690	42	867	25300	29.2
1984	1734	182	953	25900	27.2
1985	2500	766	1425	43090	30.2

续表 6

年份	种植总面积（亩）	当年种植面积（亩）	收获面积（亩）	总产干豆（千克）	亩产干豆（千克）
1986	2882	252	1425	88100	61.8
1987	4612	1376	1747	59100	33.8
1988	5007	1040	2117	135000	63.8
1989	5825	818	2260	84000	37.2
1990	5830	—	1313	13250	10.1
1991	3691	—	1063	20350	19.1
1992	2938	—	1000	28000	28
1993	2938	—	863.06	9117	10.6
1994	1003.54	—	810.4	21422.8	26.4
1995	991.46	61.24	830.22	28552.10	34.39
1996	865.71	—	865.71	32858.13	37.96
1997	755.24	25.89	705.24	26052.83	36.94
1998	678.29	—	632.19	23264.59	36.80
1999	630.48	33.81	621.33	22064.94	35.51
2000	587.61	—	587.61	20024.05	34.08
2001	533.24	—	503.46	17527.33	34.81
2002	580.73	38.42	568.81	20032.21	35.22
2003	470.00	—	470.00	18296.81	38.93
2004	645.00	—	340.85	11043.28	32.40
2005	435.42	—	435.42	15023.46	34.50
2006	462.19	41.35	461.22	17372.90	37.67
2007	490.36	—	408.39	14228.75	34.84
2008	424.38	—	424.38	12817.18	30.20
2009	602.84	25.28	517.80	17082.56	32.99
2010	610.39	—	575.80	19411.16	33.71

续表 6

年份	种植总面积（亩）	当年种植面积（亩）	收获面积（亩）	总产干豆（千克）	亩产干豆（千克）
2011	660.75	50.51	543.29	18351.61	33.78
2012	660.75	22.87	371.58	13114.14	35.29
2013	588.26	79.16	363.44	13374.59	36.80
2014	600.86	—	328.22	13078.50	39.85
2015	583.33	58.98	433.32	14846.18	34.26
2016	633.97	32.87	330.76	12071.97	36.50
2017	766.74	105.24	380.62	13101.82	34.42

说明：部分数据缺失

表 7

2017 年兴隆华侨农场咖啡生产情况一览表

单位名称	连队个数（个）	总户数（户）	种植面积（亩）	收获面积（亩）	鲜果产量（吨）
合计	75	9584	766.74	380.62	45.67
橡胶第一分公司	9	512	—	—	—
橡胶第二分公司	7	741	166.87	—	—
橡胶第三分公司	16	2575	308.33	89.08	10.69
橡胶第四分公司	11	2056	108.54	108.54	13.02
橡胶第五分公司	24	2788	183.00	183.00	21.96
其他	8	912	—	—	—

说明：部分数据缺失

兴隆咖啡研发

海南省万宁市兴隆华侨农场咖啡厂 创办于1952年，位于太阳河西岸，前身是综合农副产品加工的小作坊，是新中国成立后第一家咖啡厂。1989年，咖啡厂实行现代企业管理制度，改名为广东省海南岛华侨开发公司。1991年，更名为海南省兴隆华侨农场咖啡厂。2006年11月，咖啡厂迁移至兴梅大道旁边，新建的咖啡厂占地面积50亩，建筑面积3700平方米，园林式厂区。咖啡厂通过了国家标准ISO 9001质量管理体系及ISO 2000食品安全管理体系双体系认证。2013年，更名为海南省万宁市兴隆华侨农场咖啡厂。2014年，咖啡厂已发展为一家集咖啡种植、农副产品加工开发和参观旅游于一体的企业，有员工90人，其中高级职称研究人员3人。拥有焙炒咖啡、固体饮料、椰

太阳河咖啡厂

香饼、糖果、袋泡茶、椰糯糕和胡椒粉生产线各 1 条，并建有设备完善的化验室，生产许可证、食品卫生许可证等一应齐全。年生产能力达 500 吨以上。2017 年，兴隆咖啡厂已在海口、三亚、万宁等地区开设多家自营店，提供咖啡制作的“一条龙”体验活动及产品销售服务。同年，销售收入 1300 万元，接待游客 18 万人次。

咖啡厂生产的系列产品有咖啡产品系列、固体饮料系列、饼干系列、调味品系列、糖果系列、代用茶系列、糕点系列共计 7 个系列，68 个品种。

1992 年，兴隆咖啡厂生产的“太阳河”牌咖啡在首届海南国际椰子节荣获“首届全国食品饮料精品海南博览会”金奖，同年被中国农业博览会评为“首届中国农业博览会”铜奖；2009 年，农场研制的“南药益智”系列产品中的益智糖果被万宁市委、市政府评为科技进步二等奖；2010 年，“南药益智”系列产品“益智鹧鸪茶”及“太阳河”牌兴隆咖啡被万宁市委、市政评选为科技进步一等奖；2011 年，研制开发的‘南药益智”系列产品“益智鹧鸪茶”荣获国家专利；2012 年，兴隆生产的“太阳河”牌咖啡制品被海南省品牌战略研究会、海南省管理现代化研究会、《海南日报》、南海网联合授予“海南省（2012）旅游商品十大消费品牌称号”，并在中国食品博览会上获得银质奖。

咖啡研究所 万宁市委、市政府高度重视咖啡的种植与推广工作，为更好发挥“兴隆咖啡”品牌优势，振兴兴隆咖啡产业，万宁市启动申报兴隆咖啡为“国家地理标志产品保护”的工作，并于 2007 年获国家质检总局正式批准，对兴隆咖啡实施地理标志产品保护，这也是中国首个咖啡行业的地理标志保护。2009 年，万宁市政府确立实施《兴隆咖啡高产栽培技术示范推广》计划。2013 年后，万宁市加大推进兴隆咖啡产业发展的力度，印发实施《万宁市扶持兴隆咖啡产业发展实施方案》，从咖啡种植入手，出台优惠政策，种植补贴高达 2000 元 / 亩，并免费发放种苗。2014 年，从海南省农业厅争取到 500 万元经费支持，提出了至 2015 年每年种植咖啡 5000 亩的目标，不断扩大咖啡种植面积。2015 年 12 月，成立万宁兴隆咖啡研究院。兴隆咖啡研究院由中国热带农业科学院香料饮料研究所和万宁市政府共同管理，充分发挥各自优势，扩大咖啡种植规模，构建咖啡标准体系，推动兴隆咖啡产业持续健康发展，打造名、特、优、稀农产品品牌。中国热带农业科学院整合科技资源，组织关键技术攻关，加快成果转化与应用，助推万宁咖啡产业向标准化、规模化、品牌化和效益化健康快速发展，为万宁兴隆咖啡走向全国、走向世界提供坚实的科技支撑。

行业协会 万宁兴隆咖啡行业协会于 2014 年年底成立。主要由兴隆地区从事与咖啡产业相关的商家、公司和个人组成。协会自成立后，积极组织协会成员到周边市县与咖啡专业合作社开展交流及其他相关活动。7 月，国家发改委派员进行兴隆咖啡调研，协会组织会员单位在隆苑咖啡庄园举行了座谈会。2015 年 11 月，协会邀请著名咖啡师“狼人老大”张宇恩在兴隆举办两场分享会。2015 年成功举办首届兴隆华侨传统风味咖啡冲泡比赛，此次赛事是兴隆咖啡比赛零的突破，从此也有了兴隆咖啡自己的传统特色赛事，促进了兴隆咖啡内部的良性竞争，向外界推广兴隆咖啡文化。

2016 年 10 月，经万宁市农业局同意，万宁兴隆行业协会提交的《关于划定“兴隆咖啡”农产品地理标志地域保护范围的请示》，划定“兴隆咖啡”农产品地理标志地域保护范围为万宁市全境。同时经万宁市人民政府确认，万宁兴隆咖啡行业协会申请的“兴隆咖啡”农产品地理标志，产地环境和产品质量符合国家强制性技术规范要求，相关方面符合农产品地理标志登记要求，向海南省农产品地理标志工作机构提交了登记申请书。申报成功后，兴隆华侨农场咖啡厂、兴隆原产地有机咖啡有限公司、隆苑咖啡有限公司、兴隆康力咖啡厂、海南兴科热带作物工程技术有限公司、万宁兴隆瓦西里餐饮部等标志使用人可使用“兴隆咖啡”产品专用名称和国家农产品地理标志公共标识。

有机咖啡示范园 即兴隆隆苑咖啡庄园，位于兴隆华侨农场 30 队，占地 150 多亩，是万宁乡村旅游示范点。是一个集有机咖啡种植、加工、品赏、休闲体验、观光旅游于一体的生态环保循环庄园，也是中国第一家有机咖啡园。

有机咖啡示范园

万宁兴隆咖啡文化博览园

该庄园于 2010 年开始种植咖啡，建立了完善的有机管理体系，坚持生态、安全、营养、健康种植管理模式，用优质产品满足消费者对安全、健康食品的需求。于 2011 年 1 月 12 日举行有机示范园揭牌仪式。至 2014 年，该园连续四年通过了国家权威认证机构北京五岳华夏管理技术中心的有机认证。兴隆隆苑咖啡庄园的有机咖啡 100% 选取原产地兴隆最优质的原豆，采用原生态的物理加工方式，原汁原味焙炒，很好地保留了咖啡特有的香醇，是兴隆咖啡中的精品。

万宁兴隆咖啡文化博览园　万宁兴隆咖啡文化博览园是一家以宣传兴隆咖啡文化为主题的旅游点，坐落于太阳河畔河西开发区。该园以“宣传兴隆咖啡文化、推广咖啡饮用礼仪为发展宗旨”，本着“质量第一，顾客至上”的服务理念，致力于咖啡产品的研发与咖啡文化的推广，倾全力打造兴隆咖啡文化品牌。兴隆咖啡文化博览园除了传承咖啡制作技术外，还致力于做“咖啡专家”，无论是从咖啡的选料、品质、生产工艺还是从产品的包装、策划、市场等方面都倾注了大量的心血。万宁兴隆咖啡文化博览园的怡然咖啡以其专业的烘焙技术、芳香醇久的独特口味赢得了众多消费者及国内各地宾朋的推崇和青睐。

兴隆国家森林公园咖啡谷　由海南省兴隆原产地有机咖啡有限公司全资兴建，是一个以咖啡为主题的研究基地。咖啡谷位于兴隆华侨农场境内的第二管区 10 队、11 队，庄园中心海拔 70 米，距凤凰山仅 600 米，总占地面积约 1500 亩。

咖啡谷有咖啡展览馆、兴隆咖啡乡村游论坛、咖啡主题公园等景点。按照游览区域及特色分为“三纵六园九区”。“三纵”：指景区三条景观道路，即以咖啡为主题的百花迎宾大道、世界咖啡长廊、侨乡咖啡景观大道。“六园”：包括兴隆传统咖啡种植园，大粒种（利比里亚）、中粒种（罗布斯塔）、小粒种（阿拉比卡）有机咖啡示范园，猫屎咖啡园，雨林咖啡园，百果园，咖啡动漫卡通园。“九区”：即咖啡文化广场（主会场）、咖啡展览馆、咖啡采摘体验区、咖啡加工展示区、全球知名品牌咖啡体验区，咖啡名人植树区等。

为了更好地开发兴隆咖啡，将兴隆咖啡带上更高的平台，使农户和基地双赢，咖啡谷于 2014 年 9 月 28 日与中国热带农业科学院香料饮料研究所合作，通过咖啡高效栽培技术对周边 5000 亩咖啡种植形成技术辐射，有效带动了种植业与服务业人员就业，经济效益、社会效益显著。截至 2014 年年底，已完成有机咖啡种植 345.6 亩，分别在波罗蜜、金椰、橡胶林下间种咖啡 1100 多亩。2017 年，咖啡谷共接待游客达 23 万人次，通过种植扩展合作农户 826 户，其中建档扶贫 51 户，共 218 人。2017 年，种植面积扩展到 1250 亩，完成高效量产标准化示范基地 500 亩，咖啡销售收入达 1980 万元。

兴隆国家森林公园咖啡谷

咖啡谷内造型别致的咖啡亭

兴隆咖啡工艺

生豆加工

初加工阶段，严格按照标准进行原料采购（只收购咖啡鲜果，成熟度必须达 98% 以上），采用防雨晾晒架进行咖啡鲜果的晾晒，脱壳后再进行机械分级筛选和人工手工精选。为了保障高质量的兴隆咖啡，兴隆加强咖啡种植及加工示范基地的建设，从原料的有机种植、采购到产品生产加工、出厂的各个环节，都有一套严格的质量监督与控制管理体系，产品必须达到严格的质量和安全标准才能出厂。

采摘咖啡豆

湿法加工 湿法加工的工艺流程，是先将采集的鲜果，经机械分成大、中、小三类，采用浸泡方式筛选咖啡果实，再将筛选后的果实通过发酵、挤压等方法去除果皮、果肉和银皮表面黏滑的果浆。处理后的果实集中放在水池内发酵 24 ~ 48 小时后，再彻底冲洗干净黏液，捞起烘干或晒干。湿法加工最大的优点是咖啡豆外观品质优良，原味保持良好，缺点是加工成本较高。故湿法加工一般用于优质咖啡豆的加工。经实验证明，兴隆成熟的中粒种咖啡豆经过湿脱果皮工序之后，可去掉原体积重量的 40% ~ 45%，小粒种可减少 60% ~ 65%。经过去除外皮的咖啡豆，在干旱的晴天，一般连续晒 5 ~ 7 天便可以达到干燥的标准，可比带鲜果皮的咖啡豆干燥时间缩短一倍以上，晒场的利用率可提高 1 ~ 5 倍。

干法加工 即利用阳光和通风等自然条件使咖啡果实干燥脱水，再将干燥的咖啡果实脱壳去果肉、果皮和银皮，也可以使用烘干机烘干咖啡果实。自从 20 世纪 80 年代后期推广个人承包收晒咖啡豆的方式后，自然干燥的中粒种咖啡豆质量更佳。

焙炒工艺 兴隆咖啡豆原料优质，但咖啡的加工、炒制工艺也直接关系到咖啡饮品的质量。兴隆咖啡的炒制采用独特的东南亚传统生产加工工艺，特别重视火候，精心焙炒，尽量保留咖啡醇厚可口、浓郁诱人的原香原味，再配以适量的白糖、食盐和牛油或澳洲菜籽油，加之小石磨耐心现磨，小火慢煮，满屋飘香，风味独特。兴隆咖啡厂还引进了较先进的现代化焙炒设备——全套不锈钢烘焙炉、自动搅拌锅及包装设备等，各个生产环节都制定严格的数字化管理，以标准化做保障，为咖啡产品质量加了“双重保险”，更为企业打造一流品牌添加羽翼，使得兴隆咖啡厂加工生产水平处于同行业领先地位。

咖啡豆烘焙就是将生豆利用特定的设备，经过高温方式将其中的淀粉转化为糖和酸性物质的过程。在这个过程中，纤维素等物质会不同程度的炭化，水分和二氧化碳会挥发掉，而蛋白质会转化成酶，和脂肪的剩余物质结合在一起，在咖啡表面形成油膜层，咖啡豆本身也会通过烘焙而膨胀，内部产生孔隙。经过烘焙后的咖啡豆能产生特殊的香味和不同的风味。

烘焙最重要的工艺是将生豆的内、外侧都均匀地炒透。首先是通过火力将生豆中的水分顺利排出，此步骤若操之过急则会起斑点，而且味涩呛人。烘焙的技术若好，则咖啡豆会大而膨胀，表面无皱纹，光泽匀称，各具风味。将咖啡豆烘焙出最大极限的特色，正是烘焙的最终目标。

研磨烹煮 研磨咖啡最理想的时间，是在要烹煮之前。因为磨成粉的咖啡容易被氧化散失香味，尤其在没有妥善贮存的情况下，咖啡粉还容易变味，导致无法烹煮出香醇的咖啡。

研磨咖啡豆的时候，粉末的粗细要视烹煮的方式而定。一般而言，烹煮的时间愈短，研磨的粉末就要越细；烹煮的时间愈长，研磨的粉末就要越粗。以实际烹煮的方式来说，机器制作咖啡所需的时间很短，因此磨粉最细，如面粉一般；利用塞风方式制作咖啡，大约需要一分钟，咖啡粉属中等粗细；滴滤咖啡制作时间长，因此咖啡粉的研磨是最粗的。

咖啡生产过程

研磨咖啡豆展示

研磨粗细适当的咖啡粉末，是一杯咖啡质量高低的关键。因为咖啡粉中水溶性物质的萃取有它“理想”的时间，如果粉末很细，又烹煮时间过长，造成过度萃取，则咖啡可能非常浓苦且失去芳香；反之，若是粉末很粗，烹煮时间又过短，导致萃取不足，那么咖啡就会淡而无味，来不及使粉末中水溶性物质溶解出来。

烹煮时使用干净的山泉水，一般而言最适合冲煮咖啡的水温在88℃～94℃，应避免使用刚沸腾的滚烫开水来冲煮咖啡，水开后宜静置1～2分钟再使用。

兴隆咖啡名品

兴隆的主打品牌是“兴隆咖啡”。其中，炭烧咖啡选用优质海南兴隆咖啡豆，特殊炭烧焙烤而成，其香味更加浓郁、醇厚，回味悠长；椰奶咖啡选用海南兴隆咖啡豆和椰子为原料，经科学工艺精制而成，品味纯正，椰香浓郁，香醇可口。

兴隆咖啡，已成为中国乃至世界的著名品牌，凝聚了几代人的心血结晶，具有广阔的市场前景。在“2012海南十佳消费品牌企业”评选活动中兴隆咖啡以87899票位列旅游商品第一名。

炭烧咖啡 正宗的炭烧咖啡一般用炭火深度烘焙（烘焙分煤气、炭火和红外三种方式），色泽较黑，几乎无酸，品其焦苦、甘醇，口味强烈，附以炼奶则又有一番风味。

即溶咖啡 即从焙炒的咖啡豆中提取咖啡有效成分后，经过干燥制成的粉末，可直

咖啡产品

接用水冲调制成咖啡饮料。即溶咖啡的用途很广，除了供个人自行冲泡以外，在食品加工业中，还可以制成咖啡饮料、三合一咖啡粉及各种咖啡口味的食品，如糖果、调味乳、布丁、果冻、冰品及烘焙食品等，是国内重要食品原料之一。

2017 年兴隆咖啡产品系列一览表

表 8

类别	级别	产品名称	备注
传统兴隆咖啡品类		老字号兴隆咖啡	炭烧类
		特惠兴隆咖啡粉	
	顶级	南忘炭烧兴隆咖啡豆	
	顶级	南忘炭烧兴隆咖啡粉	
	一级	沉香湾炭烧兴隆咖啡豆	
		兴隆咖啡炭烧豆	
		兴隆咖啡炭烧粉	
		沉香湾（二级炭烧）咖啡豆	
		沉香湾（三级炭烧）咖啡豆	

续表 8

类别	级别	产品名称	备注
传统兴隆咖啡品类		古村纯品	纯品类
	顶级	古村纯品兴隆咖啡豆	
	顶级	古村纯品兴隆咖啡粉	
	一级	牛古田纯品兴隆咖啡豆	
		兴隆咖啡纯品豆	
		兴隆咖啡纯品粉	
		牛古田（二级纯品）咖啡豆	
	特制	山坳即溶兴隆咖啡	
		即溶兴隆咖啡	
		山谷兴隆咖啡	
椰奶咖啡	一级	沙田椰奶兴隆咖啡	椰奶口味
	特制	排田椰奶兴隆咖啡	
		椰奶兴隆咖啡	
		沙田兴隆咖啡	
脆饼		兴隆咖啡饼（清香）	
		兴隆咖啡饼（浓香）	
糖果		兴隆咖啡糖	

旅游兴隆

兴隆群山环抱，树木葱茏，环境幽美，景色宜人，一年四季都是春天，自然条件极为优越。优越的地理环境，旖旎的热带风光，浓郁的侨乡风情和丰富的地热矿泉使兴隆独具良好的旅游条件。1993年，被海南省人民政府列为华侨旅游度假城胜地。2017年，兴隆有风格各异的宾馆52家，年接待国内外游客近400万人次。集温泉、娱乐、购物、旅游观光于一体，是人们休闲度假的绝佳去处。兴隆热带花园，种植了数千种热带观赏植物和热带珍贵果树，园内山水相映，繁花似锦，鸟语花香，热带风光景色盎然，被海南省人民政府确定为海南省十大重点旅游风景区之一，是中国政府环境教育基地和物种基因库之一。

景区景点

1992 年，兴隆第一家由归侨创办的旅游景区——兴隆热带花园正式创建营业，并于 1995 年对外免费开放。1995 年，由归侨集资建设了兴隆东南亚风情村，这是兴隆地区第二家由归侨创办的旅游景区。2001 年，兴隆热带植物园被评为国家 AAAA 级旅游景区。至 2010 年，兴隆热带花园、兴隆热带植物园、兴隆东南亚风情村，以及兴隆亚洲风情园、兴隆南药园、兴隆根艺园等多个国家级旅游景区相继落成，兴隆旅游呈现多元化发展。

2013 年，成立万宁兴隆发展有限公司，对兴隆的旅游基础设施、旅游酒店、景区（点）等进行投资建设和经营管理。至 2017 年，兴隆旅游景区发展至 6 家，其中，国家 AAAA 级旅游景区 1 家，国家 AAA 级旅游景区 5 家。

兴隆侨乡国家森林公园

兴隆侨乡国家森林公园于 2013 年 11 月成立，坐落于万宁市兴隆华侨旅游经济区的西北部，距离兴隆墟镇 8 千米。公园由凤凰岭和热带花园 2 个景区构成，境内有热带原始雨林，森林覆盖率达 85.10%，占地面积 2815.31 公顷，海拔平均高度在 150 米以内，山上的原生态雨林植物种类达 3000 种之多，还有种类丰富的热带植被和珍贵的树种、野生药材及经济林木等。国家林业局认为其是“拥有我国保存完好的低地热带雨林原始林，是我国热带作物种植发源地和重要的热带作物示范基地。森林公园蕴含海南省最为丰富的侨乡文化元素，是东南亚各民族文化的聚集地，风景资源质量达到了一级标准”。香港嘉道理农场专家称其为“中国低海拔森林保护最好的热带原始生态林”。

兴隆侨乡国家森林公园内分布着热带雨林、沉香湾水库、情侣瀑布、革命战斗遗迹、三合水水库、观海石、变质岩石、名林古树、劈叉山、斤石、野生荔枝等 40 多处景点，其中以变质岩石、情侣瀑布景点最为著名。

兴隆侨乡国家森林公园远眺

变质岩石是岩浆中的地层捕掳本，形成大约在3亿～5亿年前，对于研究地方地质演化具有一定的科学价值，在旅游开发上亦很有看点；情侣瀑布为一道从高达六七十米的陡壁上洒落下来的玉带似的瀑布，瀑布周围雾气氤氲，幻出道道彩虹。随后分叠成三段泉水，飞落潭中，溅珠泻玉、叮咚作响，宛若奏响着的一曲美妙无比的交响乐，和谐悦耳，十分动听。

公园园内天气多变，遇云则雨。小则细雨蒙蒙，星星点点；大者急雨磅礴，倾盆而下，致使溪流暴涨。更为奇特的是，即使阳光灿烂之时，也会有疾风骤雨顷刻而至，让人措手不及，瞬间又雨过天晴，彩虹挂空。公园里雾景比较多见，沉香湾水库周边，雨过天晴后，山水林泉隐入云雾之中，湖光山色，云雾缭绕，群峰隐约，如入仙境。

情侣瀑布

鹿市岭　鹿市岭是兴隆侨乡国家森林公园的最高处，海拔 512 米。登高望远，重峦叠嶂，林相变化十分丰富。海拔 200 米以上的山地，热带常绿阔叶林青翠葱郁；海拔 200 米以下的山地，则生长着银柴、叶被木、野蕉等热带常绿灌丛。

三水岭　三水岭位于兴隆侨乡国家森林公园境内三合水水库南侧，海拔 297.1 米，分布有保存较好的热带雨林。这里板根现象、绞杀现象比比皆是，高大乔木上附着各种附生植物，林下灌草物种极为丰富。

劈叉山　被誉为鬼斧神工的劈叉山位于兴隆侨乡国家森林公园境内自来水厂东北侧，北侧山峰海拔 368 米，南侧山峰海拔 360 米，两座山峰相距仅 20 余米，好像被天上神剑一劈为二。

观海石　观海石是位于兴隆侨乡国家森林公园东侧的景观巨石，海拔 200 米，高约 8 ~ 10 米。壁立如削，顶部平坦，附生各种藤本植物和花草，面积约 40 平方米，可容数十人站立。晴天，游人可远眺碧海，见白帆点点，如影中戏物；黎明之前可观日出，看变幻迅疾，景象万千。于观海石之上，还可欣赏到方园 5 千米以内的大小山峰，这些山峰海拔在 50 ~ 400 米，山峦叠翠，雨林磅礴，风光无限，令人心旷神怡。

爱情谷

变质岩石

爱情谷 爱情谷位于凤凰山南侧东北侧，沟谷长约1400米，垂直高差70余米。山谷中古木苍翠、流水潺潺，遇陡峭山崖形成大小瀑布3个，遇平缓之处则汇集成碧潭五六个。谷中山青水秀，景色秀美，气候宜人，年平均气温为23.5℃。

变质岩石 变质岩石位于兴隆侨乡国家森林公园东北侧、海拔255米处的山地，集中分布有大小十余块奇石。其中有3块较大，最大者高6.0米、宽4.5米、长15.0米，次者高2.0米、宽7.0米、长7.0米，再次者高2.0米、宽3.5米、长4.0米。其余七八块则高约1.0米、宽约2.0米、长约2.5米。奇石表面密布斜纹，石内则有众多中空洞隙交织盘错，极似木材中的纤维管束。尤为奇特的是其中一块巨石截面如削，且刀劈痕迹历历可见。

塘坝 兴隆境内塘坝多达30余座，总面积130.35亩。塘坝与溪流、沟渠相连，形状各异，大小不一，此处水亏，彼处马上回流补充。塘中养殖各种淡水鱼，鱼肥而鲜美。岸边栽有槟榔、椰子，树形秀美，枝叶婆娑。

归难侨茅舍遗址 1951年归难侨刚到兴隆时，这里是一片荒山，人迹罕至。归难侨徒手搭建山茅野舍，开山劈岭，垦荒种胶，抢险救灾。当年的茅舍大多已经拆除，仅有少量在兴隆侨乡国家森林公园得以完整保存。

兴隆热带花园 兴隆热带花园位于兴隆南旺水库区域，1992年由兴隆印尼归侨郑文泰出资与兴隆华侨农场合作兴建。兴隆热带花园以南旺水库为重点进行建设，整个项目占地5800亩，设有植物观赏区、热带雨林观赏区、生物哺育区、再造热带雨林区、园艺观赏区、森林野营区等游览区，花园重点选种棕榈科、苏铁科、热带兰花等物种，是一处融自然、人文、园艺、园林与环境生态于一体的热带雨林生态环境保护区。1995年，被海南省委、省政府评定为海南十大重点旅游风景区之一。1996年，被海南省有关部门评为“青少年生物知识科普地”“海南省生物多样性保护基地”“青少年环境知识教育基地”。2002年，被中国侨联授予“科教兴国示范基地”荣誉称号。2003年，花园的“热带雨林恢复与保护”项目被国家外国专家局确定为“引进国外智力成果示范推广基地”；同年，被世界旅游组织称为“世界自然生态保持最完美的植物园”。

花园是热带植物的王国和珍稀濒危植物的宝库。至2010年，花园已种植数千种热带观赏植物几十万株，其中，珍稀濒危植物65种，列入《中国植物红皮书》的有27种，引进栽培的珍稀濒危植物8种，许多即将面临灭绝的植物，得到了迁地保护，繁殖并形成群落。

至2017年，兴隆热带花园有人工种植各种热带植物约100万株，其中，从国外引进到园中种植和繁育的有龙船花、狐尾椰、红槟榔、霸王榈、长叶暗椤等热带、亚热带

兴隆热带花园

植物。园中种植着1000多株素有“活化石”之称的海南苏铁，具有很高的观赏和研究价值。花园内建立了人工培育群落，种植了25万株、占地900亩的热带珍贵果树，形成一个生态农业工程，为人们提供了一个十分难得的学习动植物知识、开展科学研究的场所。已建成拥有3400多个植物品种、具有不同功能的示范区，同时还成为野生动物的放生点和重要保护区，各种候鸟的栖息地。在热带花园内，发现各种鸟类60多种，兔、狐、猴、蛇等野生动物几十种。景区配合万宁市政府打造以热带花园为中心的兴隆旅游区内绿色慢行系统——绿道。至年底，已建成全长约40千米的热带花园绿道示范段，将热带花园、三角梅公园、奇山异水、乡土村庄、归侨连队、生产园区、农家乐等众多旅游资源有效连接整合，沿线建设花园中心驿站、乡土驿站、神龟山驿站、铜铁岭森林驿站和侨乡驿站5个风格迥异的驿站，同时对途经的连队、村庄进行全面改造，将其提升为特色风情村落。

热带花园景区植物展示

热带花园景区动物展示

兴隆热带植物园 兴隆热带植物园位于兴隆温泉旅游区内，东临南海（距海边约 10 千米）、三面环山，属典型热带季风性气候。兴隆独特的地理位置和气候条件，适宜各种热带、亚热带植物的生长发育，适宜进行热带作物研究和开发。1957 年，中国热带农业科学院香料饮料研究所选定这里作为收集、保存、研究国内外热带、亚热带作物（植物）种质资源的重要基地。1997 年，植物园正式对外营业。

经过 50 多年两代科研工作者的努力，兴隆热带植物园以"科学研究、产品开发、科普示范三位一体"的改革模式快速发展。已收集保存有 2300 多种独具特色的热带、亚热带作物（植物）种质，成为一座集科研、科普、生产、加工、观光和种质资源保护功能于一体的综合性热带植物园，同时还是中国热带地区十分重要的热带作物科研教育

兴隆热带植物园

热带植物园景区植物展示

基地、试验基地、示范基地和物种基因库。1996 年，被国家旅游局、共青团中央联合命名为首批旅游景区（点）全国“青年文明号”。2000 年，被共青团中央命名为第三批“全国青少年教育基地”。2001 年，被国家旅游局评为“国家 AAAA 级旅游景区(点)”、首批“全国农业旅游示范点”。2002 年，被中国科协命名为“全国农村科普示范基地”，通过 ISO 9001 质量管理体系认证和 ISO 14001 环境管理体系认证。2003 年，被海南省委命名为“海南文明风景旅游区示范点”。2004 年，被海南省政府评为“海南省优秀旅游景区（点）”“海南省十佳旅游景（区）点”。

兴隆热带植物园划分为五大功能区——植物观赏区、试验示范区、科技研发区、立

体种养区和生态休闲区；收集有12类植物，如热带香料植物、热带饮料作物、热带果树、热带经济林木、热带观赏植物、热带药用植物、棕榈植物、热带水生植物、热带濒危植物、热带珍奇植物、热带沙生植物和蔬菜作物。

兴隆热带植物园特色旅游项目有：开展热带植物观赏、义务讲解活动，为游客提供一个热带植物观光、游览场所；开展农业科研考察活动，为专业团体进行考察、交流、合作、研究提供试验示范基地；开展农业科普教育活动，为青少年提供热带农业科普知识和环境保护意识教育；开展热带农业休闲体验活动，为游客提供参与农业活动的实践机会和乐趣。植物园适游期为全年，适宜各类人群的参与。如果游玩累了，还可以在园区的休息处免费品尝到植物园自产的各种饮品，有香浓的兴隆咖啡、可可椰奶和甘香清冽的香兰茶、苦丁茶等。2015—2017 年，共接待中外游客 274 万人次。

兴隆南药植物园 兴隆南药植物园位于兴隆华侨农场太阳河畔，属于中国医学科学院药用植物研究所海南分所，1960 年创建，2006 年建成南药现代化科技产业基地。兴隆属热带季风海洋性气候，空气湿度大，为植物生长提供了最佳环境，兴隆南药植物园占地面积 220 亩，景区面积 90% 以上被植物覆盖，是原生态的天然氧吧，为国内研究引种栽培热带、亚热带药用植物的理想基地。

兴隆南药植物园景区——兴隆热带药用植物园

兴隆南药植物园自建立起，在不断引种过程中，建设了珍稀濒危南药引种区、海南特色药园区、原生态药园区和进口南药园区等景区，成为中国收集、保存南药资源最多的研究机构之一。至 2017 年，园内引种栽培植物有 201 科、1500 多种（含变种），包括蕨类植物 19 科、34 种，裸子植物 8 科、23 种，被子植物 174 科、1541 种。其中，从国外引进国家急需的珍贵进口南药植物 22 种，引种岛外药用植物 436 种，岛内药用植物

958 种，其他没有记载但民间使用的或珍贵的海南特有植物 94 种。

巴厘村

巴厘村前身为海南天涯热带雨林博物馆，2003 年 7 月建成开业。2006 年，经海南省旅游景区（点）质量等级评定委员会评定为国家 AAA 级旅游景区。2013 年 6 月，景区更名为兴隆南国热带雨林游览区。2016 年，景区更名为巴厘村。景区以兴隆南洋归侨文化为背景，以爱国之情、思乡之意为切入点，通过南洋风情、风俗、风光、风味等方面，全方位、多侧面、翔实地将兴隆南洋归侨回国后的生活真实呈现出来，亦是爱国主

巴厘村 符思权 摄

义教育基地。该景区由归侨文化馆、归侨生活区、南洋风情街、归侨根缘馆、产品体验区 5 个功能区组成。

归侨文化馆 通过图片和文字翔实记载南洋归侨回国的真实景况，全面展示兴隆 60 多年来的建设发展史。

归侨生活区 以 3 个不同年代最有代表性的归侨民居为背景（20 世纪 50 年代马来西亚归侨的茅草房、60 年代印尼归侨的砖瓦房、70 年代越南归侨的石头房），通过不同侨居国的手工作坊体验，利用东南亚传统的加工方式，结合兴隆当地丰富的热带经济作物资源，再现一幅幅马来亚归侨炒咖啡、印尼归侨烤薄饼、越南归侨做椰糖的真实画面，让丝丝侨乡情、浓浓咖啡味、淡淡椰子香萦绕在游客心头，令其流连忘返。

南洋风情街 富有南洋特色的建筑，随街扑面的咖啡香气与老归侨自娱自乐的歌舞表演，令游客驻足欣赏，甚至参与其中。富有巴厘岛特色的太阳河舞台、极具特色的南洋饮食起居，不同文化的交融，使南洋风情街独具特色。

归侨根缘馆 归侨根缘馆旨在讲述南洋归侨与兴隆的情缘故事，把根雕、根艺陈列布置与兴隆的开发建设结合起来，唤醒人们爱护绿色、保护环境的环保意识。馆内陈列的巨型根雕、根艺作品都是从太阳河河床的淤泥里挖掘出来的。因地质的变迁，河流的

归侨根缘馆作品

改道，那些几百年、上千年甚至是远古时期的高大树木被深埋在泥沙、河床之中，经过长期的物理、化学作用，使它们变成坚硬无比、千姿百态的巨型、神奇艺术作品，向人们展示自然美的同时，也展示了太阳河两岸曾有的热带雨林的原貌、形态与痕迹，向人们讲述了太阳河两岸热带雨林的悠久历史。

产品体验区 以南洋文化为底蕴、以南洋风味为基石，经营销售独有的南国“老归侨”系列特色产品，使游客可“品尝南国风味、领略南洋风情”。

兴隆亚洲风情园 兴隆亚洲风情园于2000年3月建成开业。位于兴隆华侨旅游度假城内，占地20万平方米，是一个荟萃亚洲各国文化、建筑风格、民族歌舞的大型文化旅游景区。游客可以在园内了解印度尼西亚、马来西亚、泰国、越南、新加坡及印度等国家的建筑风格，领略东南亚各国的礼仪和饮食文化，欣赏由印度尼西亚归国华侨及其后裔表演的、含有浓郁印度尼西亚民族风情的歌舞，可以虔诚祭拜泰国的“四面佛”，品尝东南亚风味的各种美食。2006年，经海南省旅游景区（点）质量等级评定委员会评定为国家AAA级旅游景区。2012年，因股权纠纷暂停营业。

兴隆热带农业观光园 兴隆热带农业观光园位于兴隆兴梅大道49号小龙山南麓，距东线高速公路6千米，交通便利。整个园区占地600多亩，由原生态热带雨林景观区、热带植物园观赏区和海南林业科研基地组成。汇集了1600多种热带植物和具有当地特

兴隆热带农业观光园

色的热带农作物。景区里有树包石、板状根、老茎生花、绞杀等典型的热带雨林景观，有红香蕉、见血封喉、桫椤、神秘果等各种热带珍稀植物物种。其科研基地主要从事香草兰、胡椒、可可、番木瓜等热带经济作物的引种、试种、丰产栽培的研究。

绿道 2012年，万宁市委、市政府开始在以兴隆热带花园为中心的兴隆旅游区内规划建设绿色慢行系统——绿道。绿道以自然旅游资源为基础，以植物资源、归侨文化为依托，集旅游观光、休闲度假、风情体验三大要素，按绿道不同的功能空间和景观要素分为风格迥异的绿道体验段，并规划有11个各具特色的驿站。在满足绿道功能的前提下，还注重展现兴隆独特的文化魅力和生态美景，使之成为兴隆旅游的重要名片，并起到引领海南省绿道建设的示范作用。绿道网系统有效地把兴隆热带花园、兴隆热带植物

兴隆热带花园绿道

骑行队伍经过兴隆绿道

园、兴隆侨乡国家森林公园等景区景点和印尼村、越南村、马来西亚村等归侨村落，以及旅游度假酒店、美食购物街、世界品牌折扣店等旅游资源进行全面串联整合，形成具有兴隆独特的“观热带花园、玩热带雨林、品风情文化、游生态田园、住华侨人家、泡兴隆温泉、吃万宁美食、尝兴隆咖啡”的生态乡野休闲慢行系统。绿道沿线建成花园驿站、乡土驿站、侨乡驿站、雨林驿站、植物园驿站、美食驿站、温泉驿站、咖啡驿站等11个风格迥异的驿站和独具特色的农家乐。至2017年，绿道网系统已在兴隆热带花园启动示范段建设，长约48千米，投入资金约3000万元。兴隆绿道网的建成，扩展了兴隆旅游空间，完善了旅游服务功能，提升了兴隆旅游品位，带动了兴隆旅游观光、休闲度假、商贸饮食等相关产业的发展，实现兴隆从旅游驿站向旅游目的地的转变。

其他景区景点

神龟山　神龟山位于兴隆较为偏僻的兴隆山内，兴隆山上的三座山峰连成呈东西走向的龟状山脉，主峰海拔280余米。龟头朝西，龟尾朝东，高低错落，栩栩如生，展现着大自然造物之伟大和神奇。

神龟山

兴隆橄榄树侨家山庄

三角梅

兴隆橄榄树侨家山庄 兴隆橄榄树侨家山庄是由新加坡侨眷兴建的一处集休闲、度假、健身、娱乐、美食、雨林于一体的生态游览区，位于兴隆温泉旅游区兴隆山麓，占地面积93亩，总投资800万元。山庄因遍布橄榄树而得名，依托兴隆绮丽的热带风光，独特的东南亚侨乡风情，优越的地理环境，以及便捷的交通优势，规划建设种养殖基地、家庭休闲旅馆、东南亚风情餐厅、咖啡堡、健身拓展运动等配套设施及活动项目。

兴隆三角梅主题公园 兴隆三角梅主题公园位于兴隆热带花园入口处，总占地面积约1500亩。三角梅原产于南美洲的巴西，因每朵花生三片三角形花瓣和三柱花蕊而得名，三角梅那神采飞扬、绰约飘逸的风采、神韵，把春天渲染得更加温馨、明媚。2012年，三角梅被选为海南省省花。截至2017年年底，兴隆三角梅主题公园已建成3千米园中绿道、入口花海广场、游客服务中心、花园中心驿站。

兴隆大尖岭 兴隆大尖岭位于兴隆旅游区和北大镇交界处，是兴隆保存较为完整的原始山地雨林

在大尖岭山顶可体验越野滑翔伞

区。大尖岭高 400 米，适合中高级伞友在此体验越野飞行。大尖岭景区设有索道专门通往起飞场。起飞场经过专业改造，东南、东北、东、南、北风风向皆可飞行。山下有大小两个降落场地，场地铺设了草皮，可供各级伞友选择降落地点，是国内最佳的飞行场地之一。

兴隆金陵艺术博物馆（昊天艺术博物馆） 兴隆金陵艺术博物馆（昊天艺术博物馆）位于兴梅大道北侧海南太阳谷温泉城五星级艺术博物馆酒店内，是海南首家艺术博物馆度假村式社区。2012 年，由海南金手指房地产公司创建，2014 年对外开放。馆内地下室为展馆，分设陶器、铜器、石刻、瓷器、玉器和书画六大展览区，展出艺术品 1000 余件，其中包括大型玉雕释迦牟尼佛像、观音菩萨像、石刻等。此外，还有大型木雕、贝雕及海螺、贝壳等艺术品展示。

兴隆金陵艺术博物馆（昊天艺术博物馆）馆内藏品丰富

兴隆华侨橡胶博物馆 兴隆华侨橡胶博物馆位于兴隆华侨橡胶文化广场，广场展示了兴隆橡胶、咖啡生产的全过程，以及兴隆华侨农场60多年的历史。该馆坐落在兴隆度假区的重点路段——温泉大道南侧，占地面积40多亩，由侨胞、侨眷投资3亿余元建成，按照国家AA级旅游景区的建设要求，建成80000多平方米的展馆建筑群。

橡胶博物馆在装修上既保持了兴隆华侨建筑风格，又引进了泰国建筑文化元素，从而使整个展馆展现出鲜明的华侨文化风情。馆内设有华侨农场历史文化、华侨橡胶和兴隆咖啡三大板块。

2001—2017年兴隆旅游景区接待人数及收入情况表

表9

年份	接待人数（万人次）	同比（%）	总收入（万元）	同比（%）	门票收入（万元）	同比（%）
2001	155.12	—	906.920	—	458.640	—
2002	236.39	52.39	1549.520	70.86	508.410	10.85
2003	308.126	30.35	1282.428	−17.24	563.850	10.90
2004	466.9	51.53	3977.190	210.13	811.020	43.84
2005	394.471	−15.51	2800.980	−29.57	778.274	4.04
2006	190.4	−51.73	2710.575	−3.23	1327.375	70.55
2007	372.918	95.86	3742.200	38.06	2389.940	80.05
2008	266.945	−28.42	3888.815	3.92	2333.835	−2.35
2009	267.911	0.36	5007.380	28.76	2739.450	17.38
2010	174.104	−35.01	3873.737	−22.64	1901.823	−30.58
2011	146.265	−15.99	4219.880	8.94	2209.109	16.16
2012	167.013	14.19	5472.600	29.69	3017.084	36.57
2013	149.226	−10.65	4858.546	−11.22	2761.248	−8.48
2014	254.905	70.82	19695.102	305.37	3020.017	9.37
2015	203.092	−20.33	2640.190	−86.59	2055.290	−31.94
2016	173.224	−14.71	13944.530	428.16	2078.690	1.14
2017	182.711	5.48	15368.920	10.21	2015.300	−3.05

旅游项目

温泉之旅 兴隆温泉是海南开发使用最早的温泉资源之一，有泉眼十几处，水温四季保持在60℃左右。泉水含有丰富的对人体有益的矿物质及多种微量元素，加上兴隆独特的南药，对关节炎、皮肤病、神经衰弱及心脑血管疾病、亚健康等均有良好的辅助性疗效，在国内外享有盛名。20世纪50年代初，这些温泉就已开发利用。其中，兴隆温泉度假村距离兴隆华侨农场场部仅2千米，位于太阳河东岸河畔，围绕着各个温泉泉眼，修建了温泉大道和风格各异的温泉养身场所、温泉美容美体中心、温泉特色餐饮店等。之后，兴隆温泉成为兴隆地区独具特色的度假养生胜地，在兴隆的数十家温泉度假酒店都能享受到这一独特的温泉沐浴。至2017年，兴隆已建成使用温泉宾馆58家，拥有200多个不同规模的温泉池。

高尔夫之旅

兴隆地区经营高尔夫项目的企业主要为海南兴隆康乐园高尔夫球会，该球会是由中国四大航空公司之一的海南航空集团投资兴建，由海南海航高尔夫投资有限公司管理，1999年正式投入运营。拥有3个18洞锦标级高尔夫球场及1家拥有800间客房的五星级度假酒店，总投资近10亿元。2010年，被中国名仕旅行网、三亚贵族游艇俱乐部等联合评为"海南五大最受欢迎高尔夫俱乐部之一"。至2017年，该球会是海南唯一一家54洞原生态型高尔夫球场，同时也是亚洲最大的以高尔夫、温泉、热带雨林为主题的大型温泉高尔夫休闲旅游度假天堂。

海南兴隆康乐园高尔夫球会3个风格迥异的18洞锦标级高尔夫球场分别是康乐园温泉高尔夫球场、康乐园橡树林高尔夫球场及康乐园太阳河高尔夫球场。总占地面积6200亩，分成丘陵式高尔夫球场、橡胶谷山地球场、南中国林克斯式花园球场。总长21608码，共有54个洞。

高尔夫球场

康乐园温泉高尔夫球场 康乐园温泉高尔夫球场为丘陵式高尔夫球场，由美国USGA的专业高尔夫球场设计大师Robert McFarland设计，为72杆国际锦标型球场。全长7201码的18个球道迂回穿梭于天然的丘陵地带、茂密的橡胶林和湖泊山溪之中，前9洞在山间行驶，后9洞在湖泊旁飘越，四周遍植波罗蜜、椰子、香蕉以及可可豆树。11号洞全长600码，至2017年，是国内唯一一个采用双球道设计的球道，球道中间被宽阔、茂盛的树林隔成左右两条球道，向左方发球为三杆上果岭的保守型设计，向右方发球则为两杆上果岭的525码长度的进攻型设计。17号洞是全场最漂亮的三杆洞景观小岛果岭球洞，全长198码，是温泉球场的点睛之作。

康乐园橡树林高尔夫球场 康乐园橡树林高尔夫球场为橡胶谷山地球场，是由马来西亚的专业设计大师陈川源（C.J. Tan）布局的72杆国际锦标型球场，全长7154码的18洞球道充分利用原始地理结构，展现景观的互补性和重叠性，穿梭于山野园林之中可感受美国橡胶谷似的高尔夫趣味和挑战，橡树林球场兼备了锦标赛和旅游观光的双重功能。

2005 年 11 月 4 日，首届高尔夫中国巡回赛最后一站比赛在海南岛兴隆康乐园温泉高尔夫球场开杆

2012 年 1 月 12—15 日，中国职业高尔夫球锦标赛收官之战在海航海南兴隆康乐园高尔夫球会举行。图为赛前开球仪式嘉宾合影

康乐园太阳河高尔夫球场 以山水为伴的康乐园太阳河高尔夫球场为南中国林克斯式花园球场，由专业设计大师陈川源布局，面积为 1800 亩，全长 7235 码，为 72 杆国际标准杆的锦标型球场。原始的森林地貌与丘陵山地完美结合，远处重峦叠嶂，球道观望相邻，在球场任何地方都可眺望兴隆秀美山河。高尔夫球场地形跌宕起伏，落差大。16 号的三杆洞让人能够享受极地高尔夫般的挑战乐趣，发球台与果岭之间 40 多码的落差挥杆，又令人仿佛置身盆地高尔夫球场。

兴隆康乐园高尔夫球会因其标准化的管理与服务，举办了 2005 年首届高尔夫中国巡回赛最后一站比赛、2006 年欧米迦—中巡赛首站赛、2006 年度“卡奴迪路杯”全明星高尔夫年度总决赛、2007 年第一财经商界精英高尔夫挑战赛、2008 年航协高尔夫国际高端邀请赛、2009 年首届全国高尔夫球团体赛、2010 年别克联赛南一区赛事、2010 年全国业余高尔夫球希望赛总决赛、2011 年中国职业高尔夫锦标赛巡回赛资格赛等大型高尔夫赛事活动。

康乐园橡树林高尔夫球场

球会多次获得荣誉。2005 年，荣获“中国最具影响力十大 GOLF 球场”称号；2006 年，荣获“中国十佳高尔夫球场最佳提名奖”；2007 年，荣获“中国高尔夫球场 18 名洞奖”；2008—2009 年，连续两年荣获“中国 10 家金牌高尔夫度假村”称号与“中国百佳球场大奖”；2010 年，荣获“最佳自然生态球场大奖”；2014 年，再次荣获“中国百佳球场大奖”。

垂钓与轻骑 随着人民生活观念的改变，越来越多的人选择垂钓与轻骑作为休闲方式。兴隆雨量充沛，太阳河、咖啡谷、农家乐鱼塘和各个水库均是垂钓的理想场所。2010 年 4 月 15—17 日，2010 年全国钓鱼锦标赛（海南万宁站）在兴隆热带植物园生态湖举行。来自全国 22 个省、市、自治区的 195 名参赛选手在风景优美的椰林花海之中，完成了比赛，充分展示了垂钓的魅力。

生态环保，低碳出行。2012 年年底，万宁市委、市政府开始在以兴隆热带花园为中心的兴隆旅游区内规划建设绿色慢行系统——绿道。绿道风格各异的自然旅游资源吸引着越来越多游客前来光赏。（参见本志“旅游兴隆·景区景点·绿道”）

美丽乡村游 兴隆独特的绿道，拥有多个风格迥异的驿站和不同特色园区的农家乐，形成了独具特色的乡村旅游线路。2014 年 10 月，由万宁市旅游局主办的“美丽乡村　万岁万宁”媒体网络达人万宁乡村体验游活动举办，行程定为两天一晚，共 6 个景点。其中，隶属兴隆地区的景点有 2 个，分别为兴隆侨乡国家森林公园的爱情谷

垂钓

瀑布与隆苑咖啡庄园有机咖啡园，占整个体验活动景点的33%，兴隆美丽乡村游已日趋成熟。

央视七套栏目中，《美丽中国乡村行》以“谁不说俺家乡美——美丽兴隆”为主题，拍摄一期兴隆乡村游节目，记者以游客的身份，亲自体验了兴隆乡村旅游的乐趣。其中，在体验了手磨兴隆咖啡豆、游览兴隆热带花园、学习巴厘村印度尼西亚舞蹈、拜访兴隆长寿村36队和长寿老人、品尝千层糕、品尝椰奶咖喱鸡等一系列的乡村特色活动后，记者感叹，兴隆真是养生、养老的乡村旅游胜地。其中，兴隆长寿村36队百岁老人捡柴火、砍柴动作敏捷，97岁的阿婆亲自下厨、穿针引线的场景，让记者惊叹不已。长寿村36队总人口600人，其中80岁以上的老人就达20多人，这得益于兴隆良好的生活环境和兴隆人健康的生活方式，再加上和睦的家庭氛围，令兴隆成了远近闻名的长寿之乡。

兴隆良好的气候条件和自然环境，吸引了众多的游客。特别是冬季，每年约有5万名“候鸟”到兴隆旅游度假，其中大多数为老人。以养老、休闲为特色的乡村旅游已经初具规模。

国际冲浪胜地

兴隆具有发展冲浪运动的绝佳条件，适宜冲浪的时间为10月至第二年的4月，时间跨度长达半年之久。经国内外冲浪专业人士多次考察，日月湾被确定为全海南最适合冲浪的海湾。

日月湾逐步成为国际冲浪胜地

2010 年 11 月 6—8 日，首届海南万宁国际冲浪节在日月湾举办。该届为期 3 天的冲浪节活动主要包括开幕式、国际冲浪健将冲浪表演、国际冲浪邀请赛、冲浪历史文化暨冲浪用品展、冲浪运动国际研讨会及冲浪主题晚会等。连续 7 年成功举办世界最高规模的 WSL 冲浪赛事及国内大型赛事，其中包括 WSL 世界男子 / 女子长板冠军冲浪赛、WSL 亚洲杯和中国冲浪巡回赛等，让世界知道了在遥远的东方有一个冲浪的“黄金海岸”——日月湾。

国际游艇会 2013 年，华润石梅湾国际游艇会建成营业，游艇码头按照国际标准建造，可举办专业国际赛事，有水上泊位 213 个，泊位总长度 3528 米，最大泊位达 50 米，被誉为“最安全的游艇会”。

游艇会的设计来源于海洋世界，充满动感的屋顶造型采用鲸鱼跃起时所展现的优美身姿，占地面积 4700 平方米，内部装修独特，融奢华与休闲于一体。室内有咖啡厅、藏品艺术廊、航海准备区、宴会活动区、观海餐厅、私人会客厅，完善的空间设置，为出海前整装待发和航海归来的游客提供全方位服务。

热带雨林探险 兴隆热带雨林公园坐落在海南兴隆旅游度假区小龙山西麓，距东线高速公路 4 千米，交通便利。原生态热带雨林中的奇特景观，充满了未知和神秘，激发着人们的探奇心里，热带雨林探险逐步成为兴隆地区又一个探奇览胜的精彩亮点。

2013 年 4 月 27 日，由 50 多位记者、编辑组成的热带雨林探险队伍正在经历着一次特殊的探险之旅 秦彦 摄

2013 年 4 月 27 日，“庆祝海南建省 25 周年——全国百家网络媒体看海南”在兴隆热带雨林成功举办。活动向导由兴隆华侨农场的工作人员担任。探险队伍由 50 多位记者、编辑组成，兴隆华侨农场的工作人员为记者们一一介绍了具有几百年历史的野荔枝树、具有上千年树龄的沉香树

等珍稀树种。热带雨林境内有占地面积达 4 万余亩，且保护完整的原始森林，山上有原生态雨林植物种类 3000 多种，热带植被和珍贵的树种、野生药材、经济林木种类丰富。热带雨林里的道路狭小而湿滑，记者们走起来有些吃力，一不小心就会摔倒。疑似亿年变质岩石群引起一阵轰动。矗立在记者面前的巨大石块仿佛木块一样的质地和色泽，这些变质岩石是如何形成的，也许只能等待专家们的进一步研究。探险结束后，长城网的主任感叹道，兴隆国家热带雨林犹如一幅未知的地图，等待着人们去发掘，原始森林的神奇魅力在呼唤每一个热爱自然、热爱旅游的人。

红艺人表演　到兴隆旅游，除了泡温泉外，另一项独具特色的表演项目为红艺人表演。兴隆有四大演艺剧场——兴隆海航康乐园大剧院、兴隆新世纪大剧场、兴隆景天大剧场、兴隆阳光大剧场，在这些剧场均可欣赏到红艺人的精彩表演。

红艺人表演

兴隆地区的红艺人，皮肤洁白、面容姣美、身姿曼妙、气质高贵。表演时，时而翩翩起舞，舞姿摇曳；时而目光流转，顾盼生辉；时而如夜莺展喉，歌声柔美。眼神、步态无不散发着女性的婀娜与魅力。节目表演时间一般为 3 个小时，分为上、下两个半场，并辅以舞蹈、唱歌、口技、杂技和观众互动等环节。红艺人表演，给兴隆的经济和文化市场带来了繁荣，为到兴隆旅游的游客带来了东南亚风情的独特感受。

购物游

到兴隆旅游，除满足眼观、感官外，最少不了的是购买各式当地名优特产品、风味小吃、特色服装等。随着旅游的发展，兴隆逐步发展形成了数个较有规模的购物城（广场），其中比较著名的有万宁首创奥特莱斯、新加坡商业街、沃尔玛购物广场（华侨城店）、兴隆华侨购物城等。

新加坡商业街　临近爱国桥，店铺林立，货物琳琅满目，珠宝金玉、五金交电、百货用品、糖果饮料等应有尽有。临近街道为亚洲热带水果街，菠萝、波罗蜜、香蕉、椰

兴隆美食购物街一角

子、红毛丹、人心果、榴梿、荔枝、龙眼等热带佳果。

中国医学科学院药用植物研究所 海南分所为海南省唯一一家从事南药资源保护、引种栽培和开发利用的国家级研究单位，也是海南省唯一一家将南药科研成果转为经营效益的科技购物场所。其研发的精油、面膜等产品，深受游客的喜爱。

兴隆美食购物街 位于万宁市兴隆迎宾北路东侧，2012 年 11 月动工建设。东至兴隆月亮河广场，南至兴隆温泉公园，北至兴隆康乐园酒店，总占地面积近 40 亩。2013 年 9 月，完成建设并投入运营。兴隆美食购物街是万宁市首条集聚兴隆特色的商业街，集餐饮、购物、服务、娱乐、行政五大功能于一体。该购物街的建成，完善了兴隆的服务功能，扩宽了当地居民的就业门路，促进了兴隆经济发展，为消费者提供了更多的高品质、高标准、低价位的健康养生美食，拉动了兴隆的餐饮经济。

万宁首创奥特莱斯 位于海南东线高速万宁区域神州半岛高速路口往兴隆方向 1 千米处。至 2017 年，万宁首创奥特莱斯已引进 200 家知名品牌入驻，其中超过半数为国际知名品牌，以市场价 3 ~ 5 折的价格面向顾客销售，满足了到兴隆旅游的游客购买国际、国内知名品牌产品的需求。

旅游服务

旅游线路 兴隆围绕温泉、热带植物、东南亚风情和热带雨林景观，设计了数条精品线路，让游客获得多元化的旅游体验。

表 10

兴隆一日游线路示意表

沿途景物景观	体验咖啡园	温泉地质公园	温泉餐饮街	热带植物园	华侨文化公园	东南亚风情饮食街	演艺中心
进行方式	步行	步行	午餐	步行	步行	晚餐	娱乐节目
旅游时段	上午	上午	中午	下午	下午	晚上	晚上

表 11

兴隆两日游线路示意表

第一天	沿途景物景观	体验咖啡园	热带植物观赏展示园	特色饮食街	温泉地质公园	温泉体验	温泉饮食街	兴隆不夜城
	进行方式	步行	步行	午餐	步行	步行	晚餐	步行
	旅游时段	上午	上午	中午	下午	下午	晚上	晚上
第二天	沿途景物景观	高尔夫赛事展览中心	田园农庄	田园野味馆	华侨文化公园	华侨博物馆	东南亚风情饮食街	演艺中心
	进行方式	步行	步行	午餐	步行	步行	晚餐	娱乐节目
	旅游时段	上午	上午	中午	下午	下午	晚上	晚上

宾馆酒店

兴隆华侨农场成立后，党和国家领导人对归国华侨生产生活十分关心，常有领导人到兴隆考察，开展送温暖活动，因接待工作的需要，20 世纪 50 年代末兴建兴隆农场招待所。到二十世纪八九十年代，建成了兴隆康乐园海航度假酒店、兴隆明阳山庄、兴隆

兴隆康乐园海航度假酒店

明珠温泉酒店等一批宾馆酒店，年接待人数近百万人，年接待收入近亿元。至2017年，兴隆区共有旅游接待酒店52家，客房7550间，床位13000张。其中，五星级酒店1家，四星级酒店10家。年接待人数突破200万人以上，年接待收入突破17亿元以上。

2017年兴隆星级酒店一览表

表12

编号	名称	星级	房间（个）	床位（张）	开业时间	占地面积（亩）
1	兴隆康乐园海航度假酒店	五	575	987	1989年9月	600
2	兴隆温泉宾馆	四	540	1084	1999年9月	110
3	兴隆明珠温泉酒店	四	373	703	1996年9月	100
4	兴隆金叶桃源温泉度假村	四	560	1080	2003年2月	189
5	兴隆银湖假日酒店	四	338	676	2004年2月	120
6	兴隆明月假日酒店	四	198	405	2003年1月	25
7	兴隆正昊温泉度假酒店	四	212	424	1996年7月	30
8	兴隆明阳山庄	四	268	536	1994年2月	45
9	兴隆港隆酒店	四	210	415	2005年1月	12
10	兴隆鑫桥度假酒店	四	308	610	2006年1月	40
11	兴隆温泉金日酒店	四	324	650	1999年2月	300

兴隆温泉宾馆

兴隆温泉宾馆 创建于1959年，前身为兴隆温泉招待所，隶属兴隆华侨旅游经济区。创建之初用以招待国家领导人及各国领事。之后，逐步对外经营。占地面积7.3公顷，建筑面积18887.92平方米，共设有接待房间534间（套）。1979年9月1日，更名为广东省兴隆国际旅行社。1980年，改名为兴隆温泉中旅社。1984年，更名为兴隆温泉宾馆。1992年，新建兴隆温泉宾馆，原兴隆温泉宾馆改名为兴隆温泉迎宾馆。2014年，兴隆温泉宾馆全年收入942.1万元，接待旅游过夜人数188604人次。2015年，兴隆温泉迎宾馆撤并入兴隆温泉宾馆。2017年，经营收入663.3万元，接待旅游过夜人数12.6万元。

20世纪50—70年代，到兴隆考察的党和国家领导人、国际友人都曾下榻兴隆温泉迎宾馆（兴隆温泉招待所）。

餐饮业 随着游客的大量涌入和到兴隆过冬的“候鸟”老人逐步增多，兴隆地区的餐饮业也逐步呈现出一派繁荣的景象。因特殊的人文环境，菜系较为多样。以琼菜、印尼菜为主要菜系，湘菜、川菜、东北菜、新疆菜亦在此汇集，形成了具有全国地方美食特色的天堂。较有规模的餐饮饭店主要集中于兴隆温泉大道一带，主要有ISTANA伊萨娜印尼餐厅、兴隆春满园酒楼、龙兴东北王酒楼、海缘海鲜川湘风味等饭店，为游客和当地人提供了各式各样的菜品，深受其喜爱。

讲解服务 兴隆的每个景区均配备了讲解员，为游客提供景点讲解和向导服务。景区讲解员是景区景点的“活名片”，他们对景区内的一花一木一石极为熟悉，结合当地的文化背景娓娓道来，仪态大方，让游客增长知识的同时，获得视觉、听觉的享受。

为了展现景区讲解员的风采，2011 年 12 月，开展万宁旅游风采大赛暨城市名片征集评选活动，通过风采展示、服务讲解、才艺展示及知识问答等环节，角逐出前三甲、优秀奖、最佳人气奖及最佳鼓励奖。来自兴隆热带植物园的讲解员郑何美、赵溪竹分别获得第一与第二名，5 名优秀获得者中，来自兴隆景区的讲解员占 2 个名额，分别为兴隆天涯热带雨林博物馆讲解员林师东与兴隆热带花园讲解员曾蔓丽。

旅行社与游客服务中心

旅行社 兴隆最早的旅行社是成立于 1979 年 9 月 1 日的广东省兴隆国际旅行社。1980 年，改名为兴隆温泉中旅社，为兴隆地区的旅游提供了专业性的向导服务，使兴隆旅游市场趋于成熟。1984 年，兴隆温泉中旅社改制为兴隆温泉宾馆。之后，兴隆没有再成立国营旅行社。至 2017 年，兴隆有民营旅行社 3 家，到兴隆游览的游客多为跟团游。

游客服务中心 2011 年 12 月 30 日，海南第 21 家旅游咨询服务中心——万宁游客服务中心在兴隆正式建成开业，这是兴隆地区第一家旅游咨询服务中心，属万宁市政府管理。旅游咨询服务中心通过电子触摸屏和旅游资料，宣传海南国际旅游岛旅游资源、优惠政策；向游客免费提供旅游咨询服务，让游客更好地了解海南丰富的旅游资源；协助旅游管理机构受理游客对旅游企业和导游的投诉。

旅游地产 兴隆从 1992 年起，就已形成河东全力开放，河西深化改革，积极发展第三产业，大力发展旅游业的格局。1993 年 2 月，海南省人民政府正式批准兴隆华侨农场兴建“兴隆华侨旅游度假城”，兴隆地产开发随之进入一个新的发展时期，中外各地客商看好兴隆，投资兴隆，纷纷参加到开发建设兴隆华侨旅游度假城的行列中来。至 1996 年，在华侨城投资开发建设的中外客商已达 110 余家，其中外资企业 5 家，合资企业 7 家，内资企业 97 家，协议建设资金达 21 亿元，转让土地 21300 亩。

2009 年国家海南国际旅游岛建设政策出台后，兴隆是海南国际旅游岛建设发展规划的三大重点区域之一，在万宁市“一带两区”的发展战略中，亦为重点发展区域，侧重于开发旅游房地产业，旨在将兴隆建设成著名休闲旅游度假区和理想的第二居住地。

雨林海小区

相继引进10多家大企业到兴隆投资。截至2017年，兴隆旅游地产项目达30多个。其中，石梅山庄、绿中海、吉森北纬18度、长春城、太阳谷温泉城等高端旅游地产已建成使用。

长春城小区

石梅山庄小区

旅游名镇

全国特色景观旅游名镇 2009年，兴隆参与全国特色景观旅游名镇（村）的申报评审。2010年3月10日，中华人民共和国住房和城乡建设部、中华人民共和国国家旅游局联合公布第一批105个“全国特色景观旅游名镇（村）示范名单”。海南省获得“全国特色景观旅游名镇”评审胜出的两家，其中之一就是兴隆华侨农场。2012年4月12日，在江苏省苏州市召开全国特色景观旅游名镇名村研讨会，并对第一、第二批国家特色景观旅游名镇名村进行授牌。

海南十大文化名镇 2008年9月，兴隆申报参加海南十大文化名镇（村）评选活动。

11 月 25 日，由岛内外专家组成的终评委员会专家组到达兴隆，从传统民俗、自然生态、人文精神和经济建设四个方面进行综合考察。对兴隆的评价是：“作为著名的旅游胜地，兴隆拥有丰富的旅游资源，这里曾先后安置了来自 21 个国家的归难侨 1 万多人，不同国家、地区的文化在这里交融，形成了兴隆独具特色的文化内涵。”12 月 18 日，历经政府申报、民间投票海选、专家评审三个阶段后，首届海南十大文化名镇（村）评选活动结果得以正式公布，兴隆获得“海南十大文化名镇”的荣誉称号。

全国特色景观旅游名镇名村授牌

获得海南十大文化名镇（村）称号的代表上台领奖　　汪德芬　摄

艺文　书画

兴隆华侨旅游经济区60多年的风雨历程中，文艺活动活跃，优秀的诗词、歌赋、书画作品层出不穷，有的表达了对兴隆无限的热爱，有的见证了兴隆的发展变迁，还有的是对曾经美好经历的回忆……

诗词

赞兴隆华侨农场诗二首

郭沫若

其一

去国迢迢作客佣，归来重做主人翁。
卧薪尝胆同舟乐，自力更生创业雄。
多种经营多并举，一手垦殖一兴隆。
太阳河畔歌声起，物内桃源在此中。

其二

一颗能膏万口肠，油棕毕竟是油王。
花生九倍差堪拟，粟子万枚难较量。
国享太平人啸傲，春留大地凤回翔。
人民公社般般好，百事兴隆百业昌。

兴隆华侨农场寄语——调寄《清平乐》

赵朴初

白头重到，景物千番好。
创建日新新未了，世世光腾宝岛。
天涯游子归来，同心共展雄才。
喜见鲲鹏变化，冲天万里云间。

游览兴隆华侨农场题诗二首

杨朔

题橡胶树

南海珊瑚千万枝，枝枝波底斗奇姿。
自从琼岭生银橡，宝岛声华更一时。

咏咖啡花

昨宵春雨湿苍苔，破晓浓香袭梦来。
绿树枝浮千朵雪，咖啡花昨满园开。

兴隆华侨农场

许士杰

当年乱斧砍咖啡，赤子惊鸿四野飞。
此日橡椒连碧野，万家彩电放春晖。

游兴隆观感诗一首

关山月

行程最后到兴隆，再醉橡胶林海中。
画叟贪游意未定，俯瞰绿浪连朦胧。

赞兴隆神秘果

艾青

这真是天下奇谈：
“吃了神秘果，再吃黄连也不苦；
吃了神秘果，再吃什么是甜的。”
莫非它比黄连更苦？
莫非它比蜂蜜更甜？
莫非它能消灭味觉？
莫非它使我们麻木不仁？
吃了苦的，才知道有甜的；

吃了甜的，才知道有苦的；
要是我们不知道甜、酸、苦、辣，
活着还有什么滋味？
只有尝尽了悲欢离合，
才知道什么是幸福。

游兴隆农场诗明志

梁羽生

游子归来矣，兴亡动客心。
隆民思国富，农垦胜淘金。
场景观无尽，诗篇咏古今。
明珠出南海，志气欲凌云。

赞太阳河

傅天琳

在田野里追逐，在水渠中歌唱。
在绿叶间跳动，在枝头上闪光。
啊！红了荔枝，黄了菠萝，
绿了槟榔。
啊！熟了爱情，甜了生活，
美好愿望！
可爱的海南岛为啥这般明亮，
天上有一个太阳，河里有一万个太阳。

知青回家

——归侨知青下乡兴隆五十周年纪念活动有感

张美文

美丽兴隆是我家，
知青归来赏兰花。
峥嵘岁月拓热土，
豆蔻年华种槟茶。
刀割胶乳迎北斗，
篮拾咖啡送晚霞。
最忆丰收篝火舞，
月下回眸竟有她。

新中国割胶工人的山歌[①]

——永世愿做割胶郎

章沙红

朝朝日日放早床[②]，担起胶桶上岜场，
百鸟齐当吹鼓手，接涯[③]割胶好儿郎。
一人岜场心就开，好比将军阅兵来，
强兵壮马列起队，横看直看一字排。
到得岜场心就软，割胶好比把琴弹。
条条绞线拉一下，四处胶杯响叮当。
岜场好比大花园，八方四角“涯游遍”，
棵棵胶树落滴汗，香汗结出白玉莲。
放下头灯出太阳，赶忙收杯转胶房，
社会主义肩上挑，永世愿做割胶郎。

① 原载于《海南农垦报》。
② 放早床：起早。
③ 涯：我。

如歌岁月

——忆兴隆华侨农场青年突击队有感

洗东

一队归侨男女青年，
满怀一腔青春热情，
一路阳光一路歌，
高擎红旗挺进深山老林，
惊讶的鸟雀，
吱吱喳喳：
来这里谈情说爱，
找错了地方吧。

归侨男女来到开发点，
放下背包安锅立灶，
砍树割茅，
搭建数栋栖身茅草房，
警惕的鸟雀，
吱吱喳喳：
把家都安下，
看来他们不走了。

每当天蒙蒙亮，
当钟的锄头“当当”的敲响，
大家急急起床洗刷吃饭，
扛斧持刀进荒山，
吵醒的鸟雀，
吱吱喳喳：
快逃快逃，
这里待不了。

苦战十几年流血流汗，
垦殖的荒山片连片、山连山，
种下橡胶一望绿无边，
咖啡更是满园飘芬芳，
欢欣的鸟雀，
林间飞舞齐声吟唱：
你们开拓富饶田园，
我们分享美丽风光。

故乡行

陈照兴

随着轰鸣的机声，
飞机腾空入云霄，
我们犹如插上了翅膀，
恨不得立马飞回故乡——兴隆。
魂牵梦绕，归心似箭，
啊！兴隆，我的故乡，
我们看望你来了！
回想当年，
我们犹如八九点钟的太阳，
意气风发，激情满怀，
奔赴兴隆农场，
在这里劳动战斗、生活。
农场是革命大熔炉，
教会了我们各种农活，
培育了我们勇往直前，
锻炼了我们吃苦耐劳，
磨砺了我们的意志，

上好了人生的第一课。
在那激情燃烧的知青岁月，
我们奉献了热血青春年华。
看如今，
我们虽似西边夕阳落，
但宝刀未老，青春常驻，
我们再次相聚故乡，
追忆了往事，笑谈人生。
用嘹亮的歌声，
唱出我们对生活的向往；
用美丽的舞姿，
绘出我们生活的彩虹；
用手中的相机，
拍下多姿多彩的美景，
和当年共同生活的朋友，
留下珍贵的回忆。
兴隆，我的故乡，
当我再次来到您的身边，
似曾相识又不识，
您和祖国各地一样，
欣欣向荣、蒸蒸日上。
相聚虽短暂，
但美好的回忆，
却永远印烙在我们的脑海里。
难忘的岁月啊！
是我们宝贵的精神财富。
知青朋友们，
岁月已去不倒流，
美好的日子如鲜花绽放，

让我们向往更美好的明天！

兴隆今昔思悟

陈金荣

河纳太阳，山呈隆兆，吉祥佳府。
农场名扬，侨乡韵厚，今以旅游富。
岛游东线，万家别墅，游客中途必住。
泡温泉，咖啡闲煮，看取轻歌曼舞。
投资加注，旅城大造，却忆当年艰苦。
两手一锄，食难果腹，全聚红旗处。
人头攒动，沉香湾里，青年突击如虎。
就凭得，豪情万丈，河山重布！

游兴隆温泉感怀

张吉亮

温泉滚滚自天然，一片氤氲冒絮烟。
身处池中随意浴，顿消疲惫醉如仙。

兴隆风情村

王朝文

歌舞迎宾花簇艳，风情村里品茶浓。
搀翁美女跨神火，敬老携童树好风。

文赋

兴隆赋[①]

陈鸿远 萧仰道

神州名镇，何止万千，唯我兴隆，声扬四海。

地处琼岛东南，隶属古郡万州。俯瞰南海，携太平洋之风云予降甘雨兮，泽被山川；襟带三县（市），挟五指山之灵气以报春晖兮，滋润万物。山清水秀，如画如诗，甫临之已陶陶然沉醉；四季如春，风光旖旎，来居者皆欣欣兮乐康。

其势也，龙盘虎踞，观兴隆旷野之形胜；车驰马奔，察太阳河水之流转。

其地也，藏金蕴玉，夺琼州腴地之风流；怀峦抱嶂，有热带雨林之神韵。

其运也，秉人达天，占人杰地灵之仙气；星河璨灿，得物华天宝之龙光。

其人也，吞海纳江，显汉唐后裔之风度；兼收并蓄，汇南洋诸邦之精英。

回首当年，域外谋生，怎堪海外风云突变；侨胞受辱，幸亏祖国援手救助。接侨归国，兴业安居。有道是：身栖南洋，去国迢迢作客佣；心系华夏，归来重做主人翁。兴隆山麓，凝聚赤子之忠诚；太阳河畔，创出侨乡之光辉。

善哉兴隆，善在包容。落难侨胞，异域归来，生根立业，手辟蛮荒，开垦千年瘴疠之地；炎黄子孙，血浓于水，黎汉同心，和谐共处，拓展百代新生之天。侨乡侨民，广植热带之作物；兴隆兴旺，迎来建设之曙光。

壮哉兴隆，壮在宏伟。垦荒开山，艰苦卓绝，兴业图治，功勋昭著。兴隆山上，举目四顾，但见莽莽胶林接海隅；太阳河畔，侧耳静听，犹闻阵阵战歌连山崖。改造山河，敢思敢为，建设侨乡，群策群力。勇于为人先兮，三合水工程展雄姿；胆敢生奇思

---

① 2011 年写于兴隆承办第十二届海南欢乐节暨兴隆华侨农场建场六十周年之际。

兮，沉香湾水库泛银波。

美哉兴隆，美在人文。灵山秀水，钟毓英才，宏国光之精粹；化民兴学，卓尔不群，扬华夏之儒风。斯地风流，发文工之英声；健将辈出，展体坛之辉煌。兴隆雏鹰，神州誉响；亚洲夺冠，四海瞩目。

伟哉兴隆，伟在盛名。历史伟人刘少奇、周恩来、邓小平莅临兴隆，党恩温暖归侨心；政界领袖江泽民、胡锦涛、习近平视察侨乡，国策激励兴隆人。曾引来苏联专家团之光临；亦迎接柬埔寨亲王之到访。四海名人，接踵而到，中外贵宾，相互拥来。英才俊彦，椽笔惊世，艺苑明星，异彩弥天。中外名流，提升侨乡之品位，政界领袖，增添名镇之荣光。

盛哉兴隆，盛在发展。胡椒、可可、咖啡、香茅、橡胶等堪称热带作物王国；龙眼、荔枝、菠萝、槟榔、椰子诸可谓南国佳果乐园。海南改革潮涌，侨乡风生水起，风雷震荡激人心；祖国开放风劲，名镇起锚帆悬，云水翻腾振兴隆。商贾云集，生意兴隆通四海，名流海纳，财源茂盛达三江。兴隆山麓，别墅高低错落；太阳河边，高楼鳞次栉比。聚五十多家酒店于温泉旅游城，集三十余处景点在兴隆开发区。高楼吻山，台榭亲水，置身其中，宛若仙境。幢幢豪华红楼装饰山麓，座座星级酒店点缀河湾。徜徉侨乡，流连忘返。高朋纷至，欣观南亚歌舞之风韵，恍若他国异邦；贵宾嘉临，畅尝兴隆咖啡之芬芳，犹如天上人间。

说不尽的美景，道不完的风流。昔时蛮夷地，今日明珠城。

今我兴隆，气象万千；斯时侨乡，展翅飞翔。最爱居民社区，奇花异草争奇斗艳香四季；更喜文化广场，俊男靓女莺语燕闹满园林。朝霞初上，早闻夫妇晨练之音响；余晖未退，已见媪翁夕乐之曼舞。夜幕降临，华灯齐放，太阳河新建大桥流光溢彩，恰似无数夜明珠洒落人间；歌舞升平，人间阆苑，康乐园表演艺厅歌姬蹁跹，犹如几多众神仙乐在天堂。

大哉兴隆，乘改革之雄风，九万里鹏程正举，侨乡休闲名镇誉传南北。

雄哉兴隆，借开放之大潮，七大洲风云际会，温泉旅游胜地名扬中外。

噫吁兮美乎靓哉！放眼当今之兴隆，精彩纷呈；展望明日之侨乡，活力四射。忆辉煌乃为聚民心，咏今朝足以描远景。今为昨继，明为今承，八方朝仪，汇集热土，甲子场庆襄盛举；万民同欢，狂歌劲舞，辛卯纪元启宏图。

祝我兴隆，日新月异，凯歌高奏；愿我兴隆，世运宏开，锦上添花。区区赤子，殷殷此心，谨撰此赋，以纪其盛也。

歌谣

劳动歌

（男）你做乜工这艰苦，皮肤晒红脸晒黑。
你家公爹是去哪？要阿妹来晒日头。
（女）单身个人来做工，你见凄凉就来帮，
明早天光回家去，大大谢情帮工人。

白鹭鸶啊白鹭鸶，
两脚长长踩布丝（禾苗）
鸡公犁田鸡姆布（插），
鸡仔担饭一路啼。

牧歌

不用嫌我饲牛子，我饲牛子最好命。
放牛出坡得打究[①]，放牛回寮得牛骑。

饲牛小子嘴不饿，吃了“大泥”到“割罗”。
吃了“割罗”到“山竹”，吃了“赤兰”到阳桃。[②]

---

① 打究：一种儿童游戏。
② 有“　”号的均为野生可食用果子。

渔歌

鱼子游游溪坎边，无罾无网用乜筛。
手内无罾也无网，谁肯下水饲苦蜞。

鱼子游游溪坎边，无罾无网站着看。
手里无罾也无网，谁肯下水弄水浊。

猎歌

一更过了二更二，鹿出山圮角犄犄。
手内有弓又无箭，有狗无网也难矣。

放狗放到弯曲岭，放狗都不听狗声。
人在定安狗加积，住埠人在广州城。

生活歌

吃筒烟来做肚困，唱歌一条解心闷。
吞入都如龙滚水，吐出都如风送云。
槟榔烟丝过口宝，有候便吃无便饿。
有候角钱三二口，无候角钱口都无。

你要唱歌要我示，碰碰竹筒有几千。
尤有几千与几百，尤有几船不放来。

五月来到人绑粽，家家都绑无家空。
人也绑个分给侬，侬也绑个分给人。

太阳河之歌

1=♭B 4/4 3/4 2/4　　　　　　　　　　词:章沙红
雄壮的 豪迈的　　　　　　　　　　　　曲:罗国忠
引子缓起

{ 3 3 3 3 1 2 | 3 — — | 6· 6 6 6 5 4 6 5 4 | 6— — — | 7 6 5 | 2· 3 5 6 | 1—— |

（女独）

5· 6 5 3 | 3 — | 1— 1 6 1 3 | 2— — — — | 2 — 3 5 | 6 5 6 1 | 6· 1 2 3 |
青　山　高　白　云　飘　兴　隆　山　下　风　光

5 — — — | 5· 6 5 3 | 3 — — — | 2 — 1 2 1 | 6 — — — | 5 6 5 | 3 — 5 |
好　太　阳　河　日　夜　唱　歌　唱　兴

转快

2 — — — | 2 5 —2 3 | 1 — — — | 1 — 1 1 | 1 7 6 | 5 5 3 3 | 3 — — — |
隆　变　了　样　（男和）三 千个 英 雄

1 2 1 7 | 6 — — — | 3 5 6 | 1 2 1 7 7 | 6 — 1 | 5 — — | 5 5 3 3 |
日夜　奋　战　建 立 了　热带 作 物的　基　地　（女和）三 千　双

3 — — | 1 2 1 7 | 6 — — | 5 6 5 | 3 — 5 | 2 — — — | 5 3 3 2 3 |
手　辛 勤 劳 动　把 兴 隆　建　成　美 丽 的花

1— 1 1 1 | 7 7 7 7 | 1 7 6 | 3 5 6 | 1 — 6 7 | 5 — — 5 | 1 — — — |
园　（男和）啊 ....

1 7 6 1 | 5 — — | 5 — — 5 | 3 — — — | 3 — — — | 3 1 2 3 | 2 |
太　阳　河　啊 ....　太　阳　河

2 — — — | 3 — 5 | 6 — 7 | 6 — 5 | 3 — 5 6 | 5 — | 3 2 3 |
你　两　岸 土　地　多　肥　沃　太　阳

5 — 6 1 | 2 — 2 3 | 1 — — — | 5 5 3 3 | 3 — — | 1 2 1 7 | 6 — — — |
河　畔　英　雄　多　冲天的 干　劲　开山　辟 地

6 1 6 5 6 | 3 — 2 | 5 — 2 3 | 1 — — — | 1 1 1 | 2 — — | 1 7 6 5 |
沉 睡 的土　地　重　见　天　日　千 难 万 苦　难不倒 我

轻 赞美的

6 — — | 6 6 1 3 | 2 — — — | 2 1 7 | 7 6 5 7 | 6 — — — | 6 6 1 6 5 |
们　兴隆的 英 雄　要 把 困 难 战　胜　鲜艳　的

1 0 1 0 | 2· 1 | 7 6 5 7 | 6 — | 6 0 | 6 6 1 6 5 | 1 0 1 0 |
红　旗　飘 在　兴　隆　山　上　劳 动　的　大 军

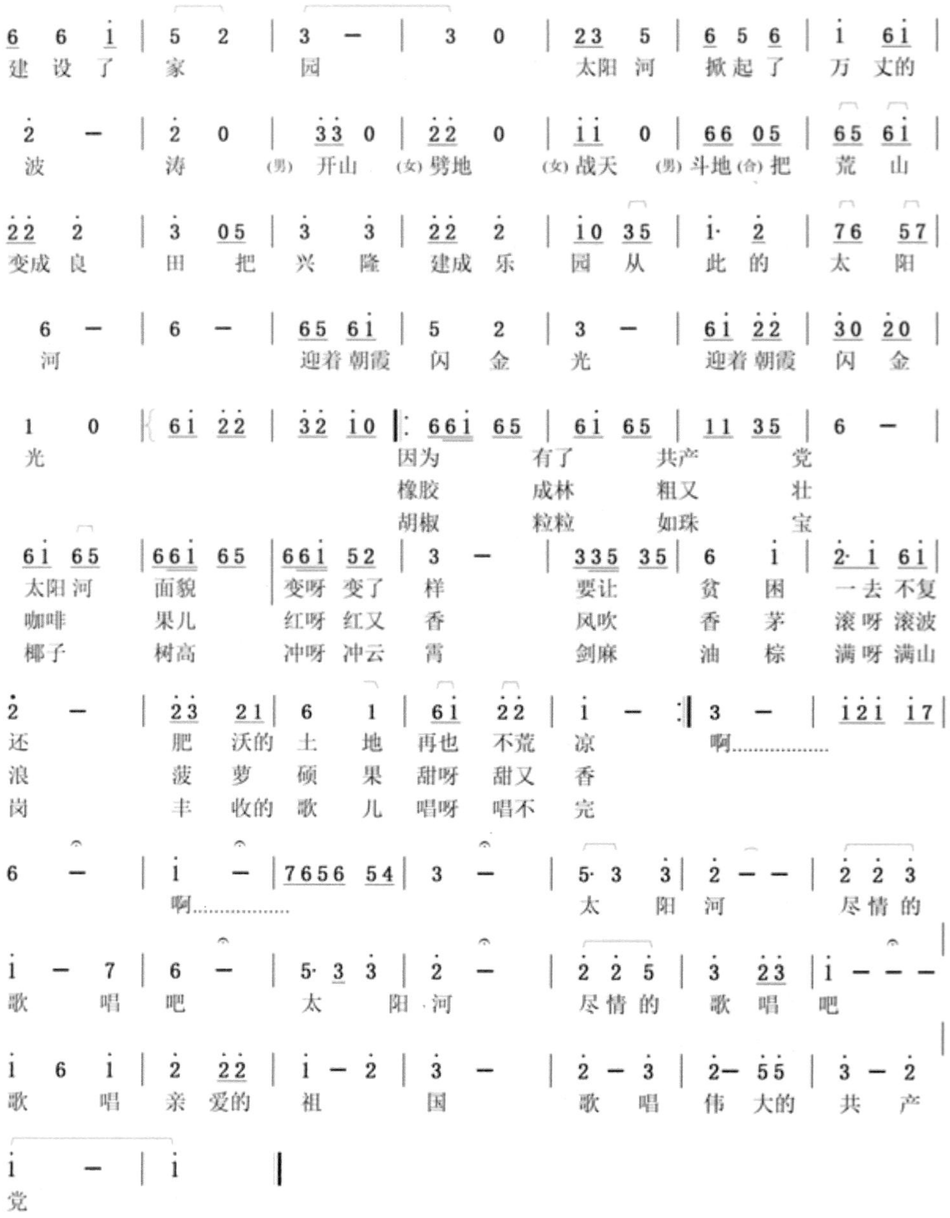

6 6 1 | 5 2 | 3 — | 3 0 | 23 5 | 6 5 6 | 1 61 |
建设了 家 园 太阳河 掀起了 万丈的

2 — | 2 0 | 33 0 | 22 0 | 11 0 | 66 05 | 65 61 |
波 涛 (男)开山 (女)劈地 (女)战天 (男)斗地(合)把 荒 山

22 2 | 3 05 | 3 3 | 22 2 | 10 35 | 1· 2 | 76 57 |
变成良 田 把 兴 隆 建成乐 园 从 此 的 太 阳

6 — | 6 — | 65 61 | 5 2 | 3 — | 61 22 | 30 20 |
河 迎着朝霞 闪 金 光 迎着朝霞 闪 金

1 0 | 61 22 | 32 10 |: 661 65 | 61 65 | 11 35 | 6 — |
光 因为 有了 共产 党
橡胶 成林 粗又 壮
胡椒 粒粒 如珠 宝

61 65 | 661 65 | 661 52 | 3 — | 335 35 | 6 1 | 2· 1 61 |
太阳河 面貌 变呀 变了 样 要让 贫 困 一去不复
咖啡 果儿 红呀 红又 香 风吹 香 茅 滚呀 滚波
椰子 树高 冲呀 冲云 霄 剑麻 油 棕 满呀 满山

2 — | 23 21 | 6 1 | 61 22 | 1 — :| 3 — | 121 17 |
还 肥 沃的 土 地 再也 不荒 凉 啊………………
浪 菠 萝 硕 果 甜呀 甜又 香
岗 丰 收的 歌 儿 唱呀 唱不 完

6 — | 1 — | 7656 54 | 3 — | 5· 3 3 | 2 — — | 2 2 3 |
啊……………… 太 阳 河 尽情的

1 — 7 | 6 — | 5· 3 3 | 2 — | 2 2 5 | 3 23 | 1 — — — |
歌 唱 吧 太 阳 河 尽情的 歌 唱 吧

1 6 1 | 2 22 | 1 — 2 | 3 — | 2 — 3 | 2— 55 | 3 — 2 |
歌 唱 亲 爱的 祖 国 歌 唱 伟 大的 共 产

1 — | 1 ‖
党

书画

书法

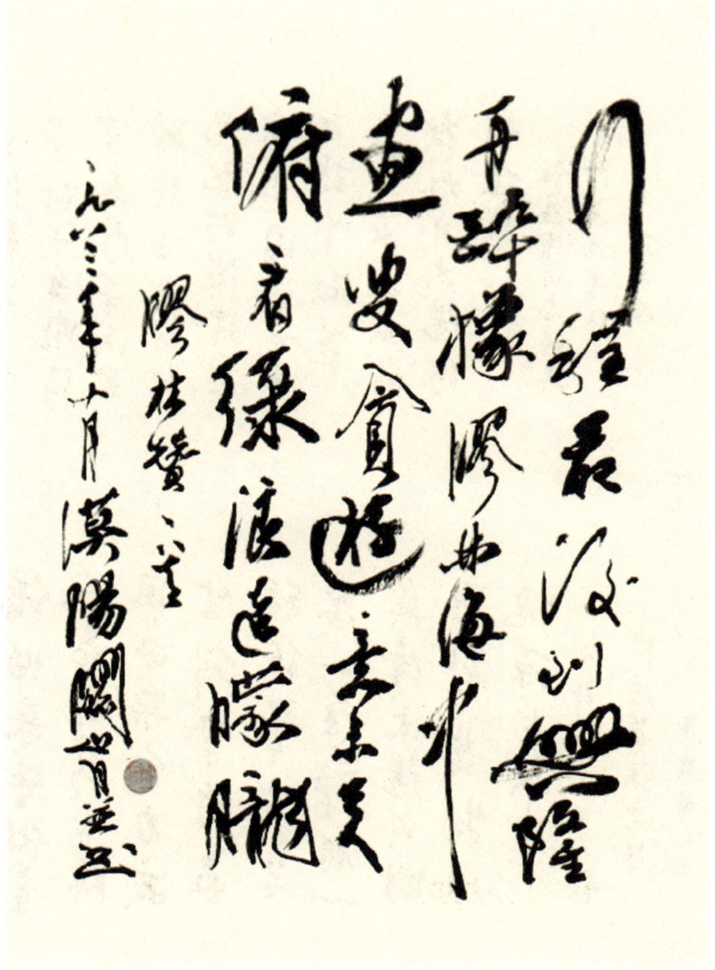

关山月题词

吴齐行草作品

詹砺群行书作品一

詹砺群行书作品二

绘画

王立国画作品——《太阳河畔》

关伟国画作品——《幽谷清韵》

曾祥熙国画作品

林墉国画作品——《可可熟了》

文桢国画作品——《辑木》

万赖鸣国画作品——《飞马》

维宝国画作品

钟育淳国画作品——《奋飞》

仲起、卫民国画作品——《富贵万年》

罗平安国画作品

侨乡风情

多国归难侨到兴隆落户安家，在贡献自己的力量发展、建设兴隆的同时，还带回了原来所在地的风俗习惯。几十年间，多国、多地区生活、文化、习俗的融合，形成了兴隆独特的侨乡味道。客人到来，端上咖啡、美酒，奉上各种美食，兴起时载歌载舞。“重情”这一元素，将归难侨们的东南亚风情与中国传统习俗结合在一起，这就是兴隆的独特风情。

兴隆美食

兴隆的归难侨来自不同的国家和地区，这些归难侨在回国时也把原居住地的饮食文化带回到兴隆。在兴隆，煮、蒸、煎、烤、炸、炒、烧、煲各种烹调方法一应俱全，风格多样、滋味独特的美食在街道旁随处可见。大多数归难侨来自东南亚地区，回国后仍保留着东南亚一些国家和地区的饮食习惯，如煮咖喱、烤沙爹、煲椰鸡、炒咖啡、蒸椰糯等，还有独具特色的东南亚风味小吃，如千孔糕、七层糕、九层糕、糯米糕、咖喱鸡、巴东肉、情人糕、火红饼、椰香脆饼等造型精美、色彩艳丽的糕点。

东南亚菜一般要使用咖喱，这种由多种香料调配而成的酱料，常见于印度菜、泰国菜和日本菜中，是亚太地区的主流酱料之一，又有“十国咖喱，风味也不尽相同”之说。其中，新加坡和泰国的咖喱风味以酸辣为主，而马来西亚咖喱则重椰汁，所以有人说，咖喱是除了茶之外的少数真正泛亚的菜肴。多种文化的融合使兴隆饮食中的咖喱拥有独特而混合的香气与味道。有的辛辣、有的芳香，交揉在一起，搭配肉类、海鲜或蔬菜，绽放出似是冲突又彼此协调的多层次外观与口感，是兴隆咖喱最令人为之迷醉倾倒之处。

黄姜板　木薯糕　糯米香条　水晶糕

椰丝糕　香芋糕　香炸木薯球　椰丝卷　椰汁板蓝糕

在兴隆，无论是在酒店宾馆，或是走在大街小巷，还是走进寻常百姓家中，都可以看到各种不同颜色、不同形状的东南亚风味小吃及东南亚特色菜肴，如思念豆、八姑菜、百花菜、树叶汤、四角豆等。这些小吃味道独特，有甜的、酸的、咸的、酥的、脆的、软的，适合不同口味的人享用。兴隆归侨众多，他们喜欢喝咖啡消磨时光，这种生活方式带动了当地人的饮食习俗。早上，兴隆人一般不在家用早餐，总是邀上几个朋友上街吃早餐；晚上则成群结队坐在茶坊里饮茶聊天，追求一种休闲、舒适的安逸生活。这种生活习惯，助推了东南亚风味小吃的热销，使其成为兴隆人的主要生活消费品。

东南亚风味小吃糕点的制作离不开面粉、薯粉、椰奶、花生油、白糖、鸡蛋等配料，颜色和形状则根据人们的口味和审美要求而定。至 2017 年，在兴隆经营东南亚风味小吃的酒店有 100 多家，东南亚小吃的风韵已在兴隆的家庭中普及。兴隆流传着这样两句话："来兴隆不吃东南亚风味小吃，不算来兴隆；来兴隆吃了东南亚风味小吃，才了解兴隆。"

在兴隆，所到之处无不闻到东南亚风味小吃的芬芳，仿佛整个兴隆都弥漫在东南亚风味小吃独特的香味之中，令人陶醉，流连忘返。随着海南国际旅游岛建设提升为国家战略，海南的地位也随之升级，有力地助推了兴隆旅游业迅猛发展。随着改革开放的进一步扩大，兴隆东南亚风味小吃的香气也越飘越远，无愧于"美食之都"的赞誉！

东南亚美食

咖喱鸡　采用黄姜、南姜、香茅、茴香等混合制成酱料，继而制作菜肴。黄姜、南姜等均属于南药系列，具有暖胃、健胃、健脾、安神、促进新陈代谢等功效。椰浆里含有多种维生素和氨基酸。制作时将特制的咖喱料入锅爆香，加入鸡块同炒，然后放入浓浓的纯椰浆，加入炸过的马铃薯块，再用小火炖至其收浆入味，一口下去满嘴是浓浓的咖喱香。

咖喱鸡

印度尼西亚宫廷蟹　主要原料是膏蟹或肉蟹，将调制好的咖喱料入油锅爆香，然后将洗净的蟹入锅爆炒，加入浓椰浆、香茅、辣椒，慢火焖煮，让咖喱慢慢渗入蟹肉中，令鲜美的蟹肉融入咖喱的香、辣。将海鲜和特色咖喱风味融为一体，是印度尼西亚美食的一种特色。

风味虾

印度尼西亚风味虾 采用特色进口印度尼西亚调料，加入椰汁，焗出的虾口感极佳，味道鲜美。外表裹着浓郁的椰香，里面保持着虾的风味。

巴东烩牛肉

巴东烩牛肉 选用靠近牛腩的部位，肉厚而不韧，以椰浆慢火熬煮3小时以上，全过程必须不停翻煮，才能让椰香均匀渗入牛肉，是一道讲究厨师功力的“功架菜”。巴东菜是印度尼西亚最具有代表性的菜系，印度尼西亚巴东烩牛肉是印度尼西亚辣菜的代表，吃起来香浓、鲜嫩。采用印度尼西亚进口特色酱料入锅爆香，加入牛肉块和椰浆，慢火焖煮，让酱料和椰浆慢慢渗入牛肉块中，起锅前加入用香料炒过的椰丝，入口令人回味。

咖喱牛腩 将精选的牛腩用高压锅煮制10分钟，取出切块。将特制的咖喱料入锅爆香，加入牛腩块同炒，然后放入纯椰浆，加入炸过的马铃薯块小火炖至其收浆入味。

印度尼西亚炒饭

印度尼西亚炒饭 用特制的印度尼西亚咖喱酱料入锅爆炒，将米饭倒入，加入胡萝卜、洋葱、香料、虾仁、盐、辣椒等配料炒出的印度尼西亚炒饭，带有咖喱的香气，入口慢嚼回味无穷，别具特色。

咖多咖多 又称为蔬菜沙律，满满一大盘子里，装满了青瓜、通菜梗、花菜、豆角、豆芽等，浇上特制的花生酱汁，浓香中透出淡淡酸甜，让人大赞“原来素食也可以如此多滋多味”。

沙爹肉串 猪肉、牛肉、羊肉、鸡肉均可用沙爹酱腌制。沙嗲酱盛行于印度尼西亚、马来西亚和新加坡等东南亚地区。印度尼西亚文为“SATE”（沙爹），原意为“烤肉串”，滋味辛辣香咸，具有开胃、消食之功效，调味特色突出，是很传统的印度尼西亚美食。

巴哥爹 将马铃薯煮熟剥皮捣烂，加入肉末、香料、盐、胡椒粉、红葱头、蒜混匀，制成块状，裹蛋入油炸至金黄。入口外酥内软，可兼主食或小吃之功效，是印度尼西亚日常、大众食品。

嗦哆汤 印度尼西亚的传统风味汤，其汤料含有黄姜、南姜、香茅、香叶等植物香料。口感清香味美，具有暖胃、促进新陈代谢的功效。

本地美食

兴隆火锅 兴隆吃火锅俗称“打边炉”，在海南无论冬夏皆可“打边炉”。这种火锅，高档的以山珍海味配红枣、党参、淮山、枸杞煮汤，再加生鱼片、海鲜、牛百叶、鸡肉烫食，复有豆腐、粉条，后辅以西洋菜、生菜、空心菜、小白菜等时蔬，最后连汤带水吃光喝尽。海南建省前“打边炉”，人们常吃得“三流”——流汗、流眼泪、流鼻涕，后“二流”皆因当时以木炭为燃料，烟熏火燎所致。建省后“打边炉”的燃料普遍改进，采用液化石油气或固体无烟燃料，之后便没有“二流”之说

咖多咖多

沙爹肉串

巴哥爹

嗦哆汤

了，但在偏僻乡镇或许仍可体会得到。中低档的“打边炉”以羊肉、鸡肉、猪排骨代替山珍海味。

黎家竹筒香饭 竹筒香饭通常是黎家人出远门、上山打猎或招待客人时才做的食物。用山兰稻（一种旱稻）中的香米配以肉类为原料，放入新鲜的粉竹或山竹锯成的竹筒中，加适量的水，再用香蕉叶将竹筒口堵严，将竹筒放入炭火中烤焦即可。竹筒香饭有盐巴香饭、黑豆香饭等种类，最好吃的是野味香饭，适合作香饭的野味有山鹧鸪肉、鹿肉、山鸡肉、山猪肉等。

椰丝糯米粑 椰丝糯米粑是兴隆常见的风味小吃，主料是用糯米粉做皮，填以新鲜椰肉丝、芝麻、碾碎的炒花生、白糖等配成的馅，以野菠萝叶包成5厘米左右大小的圆粑，蒸熟后趁热吃。此粑黏而不腻，清甜可口，风味独特。

温泉鹅 温泉鹅是兴隆当地农户饲养的本地杂交鹅，鹅幼时阶段在野外散养，以食百草为生。育肥阶段入笼圈养，以糠等粗饲料填食，具有营养丰富、肥而不腻、清淡原味、醇香可口的特点，食用方法大多以白切为主。鹅血含丰富的蛋白质及铁、钙、锌、铜等10余种对人体有益的微量元素，多食可提高人体免疫力，防止疾病。中国医药善本《本草从新》和《仿广验方新编》中提到，鹅血可治“噎膈反胃”，即当今的食道癌、胃癌之类。

兴隆早茶 兴隆街道茶坊皆有早茶。每天早上，饭店、茶坊等地坐满茶客，或细品慢饮，或洽谈生意，或应答酬谢，或情侣约会，大家在互斟互让之中传递感情，交流信息。有人总结兴隆早茶为“穷茶富点”。茶无名茶，点心则花样繁多，有小点、中点、大点和顶点、特点之分。菜多以鸡爪鸡翅、鸭掌鸭翼、猪脚猪尾、羊肉牛什为原料，还有海鲜及飞禽炖品，与广东早茶相似；另有糯米椰丝糕、肉粽（内有鸡肉、咸蛋黄之类）、炒粉、琼脂冷盘等，颇具兴隆特色。

兴隆美食购物街 兴隆美食购物街位于兴隆迎宾北路东侧，东至兴隆月亮河广场，南至兴隆温泉公园，北至兴隆康乐园酒店，总占地面积26491.90平方米，是一栋集商业、餐饮、行政、服务、娱乐五大功能于一体的商业综合楼，地上三层地下一层，总建筑面积15781.73平方米。其中，餐饮建筑面积3691.62平方米，商业建筑面积2538.27平方米，行政建筑面积761.62平方米，服务建筑面积2246.60平方米，娱乐建筑面积6038.08平方米，地下室建筑面积505.54平方米。项目概算总投资为7713.41万元。该项目进一步完善了兴隆旅游区的服务功能，扩宽了职工就业门路，增加了兴隆当地经济收入。

兴隆美食购物街一角

特色物产

热带水果

兴隆拥有种类繁多的热带水果，最为出名的水果要数红矮椰子和贡蕉。

红矮椰子（金椰子） 原名香水椰子，是绿矮椰子中的一个特异变种类型，原产于泰国沙威，其最大特点为糖分含量高，椰肉细腻松软，营养丰富，含有多种人体需要的氨基酸。古人一直流传红矮椰子能治病，是优质的天然绿色食品，具有很高的经济价值，在市场上非常畅销。一年四季可提供采摘服务，但只有在兴隆和三亚景区有零售，零售价一般 15 ～ 25 元一个。

红矮椰子

兴隆于 1983 年从马来西亚引进 1400 株左右的红矮椰子，种植面积达 100 亩，经过 30 多年试种和发展，种植面积已达 1887 亩、30000 株左右，挂果面积约 2000 亩左右，年产量达 30 万粒左右。

贡蕉　俗称皇帝蕉，原产于东南亚，属甜蕉优稀品种，外观色泽鲜艳，风味独特，是世界上公认的高档香蕉品种之一，经济价值很高。果实小巧，长约10厘米左右，无籽、皮薄，熟后呈金黄色，甜度高、果肉橙黄，清甜芬芳，与普通香蕉比，更加芳香爽口、营养丰富。

贡蕉

其他热带水果　兴隆水果除了红矮椰子与贡蕉外，还有椰子、阳（杨）桃、杧（芒）果和红毛丹等热带水果。阳桃的外表类似星星形状，成熟的阳桃表面微黄，味道酸甜可口。还有“一骑红尘妃子笑，无人知是荔枝来”的荔枝，果肉爽脆、韧滑的龙眼，以及番石榴、波罗蜜、菠萝、山蕉、榴梿（莲）、莲雾、火龙果、香蕉、柠檬、黄皮、木瓜、蛋黄果等热带水果。

番石榴　红可可　红毛丹　尖蜜拉
红矮椰子　荔枝　莲雾　榴梿
毛柿　面包果　木瓜　木葫瓜

木奶果　诺尼果　千指蕉

人心果　山竹　神秘果

兴隆根艺　兴隆的阳光充足，雨量丰沛，土壤肥沃，植物物种丰富，更新演替进程较快，残根、枯枝随处可见。当地居民变废为宝，以这些残根、枯枝为原材料加工成神形各异的根艺制品。20 世纪 90 年代初，兴隆就涌现出根雕艺人，经过几十年的发展，相继成立省、市根雕艺术协会，会员主要以兴隆及周边市县为主，仅兴隆南林一带就有 100 多位省、市级根艺会员。在兴隆境内有 40 多家根雕手工作坊，从事销售的商家店铺有 8 家。

根艺作品的制作工序首先是选材，其次是进行构思与定位，再次是进行打磨和抛光，最后是对制作出来的作品进行命名。工艺处理中，为了实现作者的创作意图，使根艺作品显露出自然美的木质纹理及奇特形态，就需要进行打磨抛光。打磨和抛光的方法大体上有两种：一是手工（采用砂纸和木锉）打磨，二是机械打磨。这两种方法最好交替使用。因为根材大都是凹凸不平、形态各异，全部使用机械打磨，容易损伤根体上有用的节疤或有形象的部位。故先用 0 号砂纸或水砂来打磨抛光，使根体上的木纹显现出来，再考虑用机械打磨根艺作品。由于每件根体的表面特点和形态不同，所以采用的打磨方法也要因材而异。

在根艺作品的制作中，打磨抛光这道工序是显露“天工”的绝妙及“人工”的巧夺的过程。从这一基本点出发，在打磨抛光时，就要注意根材哪些地方需要打磨，哪些地方需要粗磨或精磨，心中有数，就会运用自如。否则，就会把根体上有用的纹理和节疤磨掉，损伤根材的天然肌理和富有表现力的形象，使根艺作品丧失自然美的魅力。

附：兴隆根雕“奇人”黄劲民

兴隆有一位著名的民间根雕艺人，他是海南省根雕文化艺术协会副会长兼万宁市根雕文化艺术协会会长黄劲民（又名黄若云）。他的作品形状千奇百怪，艺术品位很高。从1993年开始，他为了提高根雕技艺，默默地待在朽木堆里，和一块块朽木亲密接触，一刀刀，一锤锤，将一件件腐烂在山沟里的木头，经过巧妙加工、精雕细琢，变成价值不菲的根艺品。他先后10多次到北京中央美术学院拜师学艺，得到刘勇的悉心指导。他还走访岛内各地的根雕同行，虚心取经，取长补短，互相切磋技艺，不断提高根雕作品品位。多年来，黄劲民制作面世的根雕作品有110多件。2004年，在北京举办中国根艺美术学会“刘开渠根艺奖”作品展中，黄劲民的作品《朽木》获得该项奖的金奖；2005年，海南省举办首届文化艺术根雕展，他的《天籁莹云》和3件根雕作品分别获得一、二、三等奖；此后的第二、第三届会展，黄劲民以《朽木的生命》和《破茧》2件作品再次夺得两届根雕评选的金奖。

黄劲民的大部分根雕作品多放在兴隆旅游区康乐园四星级宾馆等10多家宾馆里作为展品，也有一部分作品因带到全国参展不便带回寄存在北京、福建、浙江、海口等地。近年来，他的根雕《永远的紫荆花》《王者成尊》《舍利塔》《古骨生辉》等20多件作品分别被卖给北京、福建、浙江、深圳、香港等地区以及马来西亚、新加坡、韩国等国家的客户。

南药王国

海南不仅有着迷人的自然风光，还有独特的生态环境，更被誉为“热带宝岛，南国药库”，可入药的植物约3000多种，品种占全国的40%，其中槟榔、益智仁、砂仁、巴戟四大南药闻名全国。兴隆被誉为“天然药圃”“南药之都”，现已采集到1000多个品种的南药，其中161个品种被列入全国重点中药资源普查品种，占海南省列入全国重点

中国医学科学院药用植物开发研究所海南分所

中药资源普查品种的 80% 左右，是海南最大的南药生产基地，也是全国引种进口的南药生产基地。

南药在兴隆有着天然、优渥的生长环境，为开发利用这些宝贵的自然资源，兴隆不断建立各种热带植物生产基地。1956 年，创立兴隆华侨农场农业科学研究所，隶属兴隆华侨农场。2009 年，该所研制的“南药益智”系列产品益智糖荣获万宁市委、市政府授予的科技进步二等奖；2010 年，“南药益智”系列产品“益智鹧鸪茶”及太阳河牌兴隆咖啡荣获万宁市委、市政府授予的科技进步一等奖；2011 年，研制开发的“南药益智”系列产品“益智鹧鸪茶”荣获国家专利。

该所南药品种中，从国外引进国家急需的珍贵进口南药植物达 22 种；从岛外引进的药用植物达 436 种；岛内药用植物有 1171 种，其中，珍稀的海南特有植物 94 种，有待研究开发的药用植物 92 种。在不断引种的过程中，海南分所建立了由珍稀濒危南药园区、海南特色南药园区、原生态药园区和进口南药园区构成的共 12 余公顷的南药园，已成为国内外南药种质基因保存研究的重要平台。

槟榔 槟榔是四大南药之一，棕榈科槟榔属的一个种，茎直立，乔木状，高 10 多米，最高可达 30 米，雌雄同株，花序多分枝，子房为长圆形，果实呈长圆形或卵球形，种子为卵形，花期在 3—4 月。于 8—11 月果实完全成熟之前即予采收，去皮，煮沸，切成薄片晒干，干后呈深褐色或黑色。槟榔果略小于鸡蛋，果皮纤维质，其种仁（榔玉）、花苞及花皆可入药。种仁主要含有槟榔碱、槟榔素、儿茶素、胆碱等成分，具有健胃、攻积、驱虫、行水等功效。

槟榔

兴隆的槟榔品质优良，每年春秋两季定植，三年即可开花结果。每亩可植株100棵，8 ~ 15年为初产期，15 ~ 30年为盛产期，30 ~ 40年为衰产期，40年以上为老产期。每棵单产10千克以上，最多的可产25 ~ 30千克。万宁是中国唯一一个被授予“中国槟榔之乡”称号的市县，同时被认定为“国家槟榔示范基地”。2017年，万宁市槟榔种植面积达53.2万亩，有“万宁槟榔半海南”之说。2017年，兴隆槟榔种植面积3778.57亩，槟榔收获面积2949.68亩，产量5678.13吨。

益智 益智，系姜科山姜属草本药用植物，主产海南。高1 ~ 3米，叶柄短，叶片披针形，长20 ~ 30厘米，宽3 ~ 6厘米，先端尾状渐尖，基部为宽楔形，边缘具脱落性小刚毛，基残痕呈细齿状，两面无毛。具有温脾、止泻、摄涎、暖肾、缩尿、固精之功效，常用于治疗脾胃虚寒、呕吐、泄泻等病症。

益智在兴隆已有数百年的栽培历史，当下全国90%以上的药用益智来源于海南。兴

益智

益智产品

隆的益智栽培技术研究由来已久，自 1960 年建立兴隆南药园始，即在海南特色药园区与原生态药园区内进行标准化种植及研究。2017 年，种植面积达 15 万亩。

益智果从树上摘下到成为人们口中的佐食佳品，要经过保鲜腌制、漂洗、晒胚、蒸制、消毒等十多道工序。益智珍果和益智茶都是由万宁市食品厂与华南农业大学共同研制的高级保健食品。益智珍果和益智茶都是以兴隆的益智果为原料，采用先进的加工技术精制而成，风味独特，美味可口。益智珍果曾荣获 1991 年全国星火计划成果博览会金奖、第三届全国新技术新产品展销会金奖。

海南砂仁 海南砂仁呈椭圆形或卵圆形，有明显的三棱，长 1.5 ~ 2 厘米，直径 0.8 ~ 1.2 厘米。果皮厚而硬。种子团较小，每瓣有种子 5 ~ 17 粒，气味稍淡。对于湿阻脾胃引起的食欲不振及呕吐、泄泻等症，常配合白术、陈皮等同用；对于脾胃气滞、脘腹胀满，常配合陈皮、厚朴、木香等同用；对于脾虚气滞，可与党参、白术等同用。海南砂仁在万宁市及周边地区均有天然生长分布。

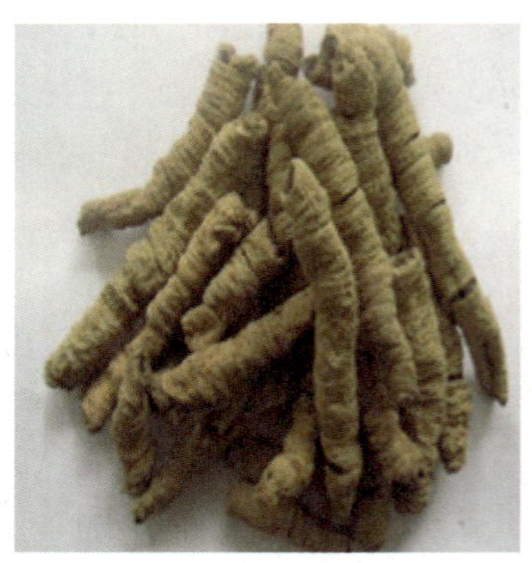
巴戟

巴戟 巴戟又名巴戟天，茜草科，茎呈圆柱形，叶对生，呈椭圆形，先端尖，基部钝或圆，全缘。根肉质肥厚，为圆柱形，呈结节状。花期在 4—5 月，果期在 7—10 月。巴戟喜温暖、湿润，怕寒冷，也较耐旱。在年平均温度 21℃以上，年降雨量 1200 毫米以上，月平均温度 20℃ ~ 25℃的地区生长最为适宜。对光照的适应性较广，荫蔽度 30% 至全光照生长较好。属于深根性植物，要求土层深厚、肥沃、疏松、排水良好的酸性砂质壤土等。生于海拔 300 米以下山坡灌丛或疏林边。具有补肾、强筋、祛风之药用。兴隆正好适应巴戟的生长条件，在万宁市及周边地区均有天然生长分布。

沉香树

沉香 沉香树属瑞香科，为世界珍贵的药用植物，国家二级保护植物。高 5 ~ 15 米，树皮暗灰色，小枝圆柱形，喜生于低海拔的山地丘陵地带。

春季开花，花为白色。沉香即是在树干受伤后分泌物在微生物作用下，经过 3 ~ 5 年所形成的固态凝聚物。沉香也是一种优质的香料，可提取芳香油，也可用作止痛剂和降痰剂。

兴隆的地理环境与气候非常适宜沉香树的生长。兴隆的沉香树主要分布在农场第一管区 1 队与新中农场交界处周边的沉香湾水库一带。1982 年 1 月，兴隆在地势低洼处修建一座综合水库，水库也因周边沉香树木多而被命名为沉香湾水库。1983 年 4 月，沉香湾水库及电站工程完成后，有着大量沉香树木的周边山林都被纳入到保护范围。1992 年，兴隆开始封山育林。2000 年以后，兴隆开始积极推广沉香树种植，推广沉香文化，做大做强沉香种植业。2013 年，兴隆有 500 多颗古沉香树。2014 年，棋楠香实验园开始进行沉香的育苗、栽培与推广。至 2015 年，新的沉香树林已达 100 余亩。

沉香之所以珍贵，在于它结香的原理。并不是所有的白木香树都能够结香。只有经过雷击、虫蛀、风摧等自然因素，或刀砍、钻洞等人为因素影响，白木香树才会在伤口处渗出汁液，凝结为树脂，白色木质慢慢转化成黄褐色或黑褐色，最终形成沉香。兴隆产的海南沉香一般要 10 ~ 30 年才能产香（与普通沉香相比，它可自然结香，不需人工处理，品质和进口伽南香一样），而这个树龄的油脂主要集中在树木主干的表皮，一般在树头部位、丫杈部位、创伤部位都易于结集油脂，这种沉香只适用于药用或提炼精油。一些有 200 年以上树龄的老树，油脂结集得较好，甚至于树干的芯部也富含油脂，这种沉香就特别珍贵了。

民间文艺

东南亚歌舞 归侨和侨眷大多能歌善舞。他们跳舞时的欢乐，往往感染着周边的人群。马来西亚的民族舞蹈，越南的竹竿舞、孔雀舞，泰国的婚礼舞、妇女们下田插

东南亚风情舞蹈（一）

秧的农民舞、欢庆五谷丰登的丰收舞……都是归侨和侨眷的拿手好戏。泰国宫廷指甲舞，泰国丝制的耀眼服装，再配上闪闪发光的金片，寺庙风格的宝塔型头冠，手指上又长又尖的指套，绚丽夺目，令人感受到浓郁的节日氛围。在艰苦创业的年代里，能歌善舞的归侨们总喜欢在辛苦的劳作之余，三五成群地聚在一起，唱一曲动听的印度尼西亚歌曲，跳一段优美的东南亚舞蹈，缓解一天的疲劳。随着兴隆旅游业的发展，兴隆的东南亚歌舞已不再是孤芳自赏。现在，旅游城每天都有数千名来自祖国各地的游客慕名而来，归侨所表演的东南亚歌舞，使游客们不出国门，便能领略到异国风情。在兴隆，每逢重大节日，归侨们都会为广大职工群众献上一台精彩的文艺晚会，对促进兴隆精神文明建设，凝聚侨心，构建和谐兴隆起到了积极的作用。2005 年，由兴隆华侨农场创作的反映农场归侨、侨眷生活的歌舞《太阳河风情》，在参加海南省委宣传部、省总工会、省国资委举办的 2005 年庆祝“五一”职工文艺会演中，荣获“国资杯”金奖。2006 年，在建场 55 周年之际举办“继往开来　再创辉煌”大型场庆文娱晚会，弘扬兴隆干部、职工、归侨、侨眷艰苦创业和在改革开放中为建设小康和谐侨乡而奋斗的精神。

团体演出　1960 年，兴隆为了活跃农村和连队的文娱生活，成立兴隆华侨农场文工团。他们自编、自排、自演，东南亚歌舞是必备的表演内容，经常到各连队演出，有时也应邀到海口和各县、农场演出。1967 年，北京知识青年 100 多人到兴隆落户。他们带来了大都市的文化和风情，与兴隆当地的文化交融辉映，使兴隆的文化生活更

东南亚风情舞蹈（二）

职工自导自演印度尼西亚舞剧

具特色。在当时的时代背景下，兴隆华侨农场文工团被撤销后，成立了兴隆华侨农场毛泽东思想宣传队，演出曲目和内容发生很大的变化，重点突出政治思想，东南亚歌舞一度受到冷落。在印度尼西亚老归侨的倡议下，于 1999 年成立海南兴隆印度尼西亚侨友会，2001 年又成立海南兴隆新马泰侨友会，这两个民间组织对促进和发展东南亚文化起着积极的作用，并成立印度尼西亚侨友会业余文艺队，东南亚歌舞再次得到广泛传播。侨友会不计报酬，不怕辛苦，深入兴隆 72 个连队开展免费演出，以舞为乐，寓教于乐。

家庭乐队 1951 年，兴隆华侨农场成立以后，先后安置了 21 个国家的归难侨和中国港澳台地区同胞，其中大部分是来自东南亚国家的归难侨。他们白天耕作，晚上聚在一起使用鼓、沙锤、笛子、二胡、吉他等各种中外民间乐器，弹奏、唱歌、跳舞，以消除一天辛苦劳作的疲劳。他们自娱自乐的家庭文艺表演形式，给艰苦环境中的人们带来欢乐，表达了人们对美好生活的憧憬和对美好理想的追求。1966 年，公开场合不允许表演东南亚歌舞，但是一到夜晚，归侨们在居住的地方总会聚在一起，弹琴打鼓，唱跳着东南亚歌舞，苦中取乐，自乐其中。1980 年以后，兴隆人民生活水平大大提高，在相当多的归侨家庭中，唱歌、跳舞已成为生活的一部分。尤其是印度尼西亚归侨，还成立了家庭乐队。有的家庭是夫弹妻唱，有的家庭是父弹子唱，还有的是兄弹妹唱，父母过生日或子女结婚，或逢年过节，全家男女老幼聚在一起唱歌、跳舞，给家庭增添了许多乐趣。印度尼西亚驻华大使和印度尼西亚华人社团到兴隆观看了许

陈家乐队

多家庭的表演，都认为观看了他们的表演就像回到了印度尼西亚一般。

比较有影响的是陈家乐队。陈永武夫妻全家对印度尼西亚歌舞情有独钟，人人都能歌善舞。出于喜爱，于 80 年代自发形成陈家乐队。2000 年，陈家乐队与兴隆印度尼西亚侨友会、印度尼西亚华韵文艺团和海南大学艺术学院，在海南大学同台演出，陈家乐队的印度尼西亚歌舞节目《亲爱的帕斯达丽》令人耳目一新，得到了观看表演的中外人士的好评。2008 年，陈祥焰、陈祥祯两个家庭乐队在海口演出获得观众的一致赞许。2008 年，兴隆华侨农场艺术团到海口参加演出，陈祥焰、陈祥祯 2 个家庭共有 10 人登台演出，受到海口观众的好评。

特色建筑

兴隆的归侨，不仅把侨居国的饮食文化、异国风俗带回到兴隆，而且还把一些富有南洋特色的建筑元素带到兴隆，比如马来西亚的高脚屋、印度尼西亚的船形屋、越南的民居、泰国和缅甸的尖形房舍等。

印度尼西亚船形屋　船形屋为印度尼西亚米南加保族世代祖居的高脚大屋，其屋脊两端翘起，状如牛角，屋顶呈船型。印度尼西亚素有“千岛之国”之称，船是当地的主要交通工具，因而印度尼西亚的高脚屋，其顶部都是船型的。兴隆街道两旁的楼房、公交站候车亭都融入了印度尼西亚船形屋的红瓦雕龙建筑元素。

越南居舍　越南居舍多为砖瓦结构。居舍的飞檐多数比较宽大，建筑的高度较为低矮，四面有窗，这些设计是为了更好地降温和通风，以适应湿热的气候。越南居舍主要分布在兴隆 58 队。

泰国村寨　村寨建筑用红砖筑墙，外抹黄色涂料，红色棱形琉璃瓦盖顶，造型美观雅致。屋内以黄色木板间隔成房，设有客厅、卧室。房屋四周栽种热带水果，一年四季花红果熟，环境宜人。泰国村寨在兴隆 57 队。

融入印度尼西亚船形屋元素的建筑

泰国村寨

异域服饰

巴迪

东南亚的服饰颜色只能用色彩缤纷来形容。东南亚是一个极具多样性的地域。大陆与岛屿并存、山地与平原同在的地理特点，亚热带与热带气候逐渐过渡的自然条件，加上频繁的民族迁徙和各民族之间的文化交往，构成了多样的生活模式及多彩的民族服饰文化。

巴迪 比较马来西亚的其他服饰来说，巴迪可以说是其最具特色的服饰。男子穿的巴迪被誉为马来西亚国服，巴迪设计优美，图案繁多，款式别致，有的巴迪编织手法

巴隆

相当细腻。巴迪为上衣，图案讲究对称，图案花纹不对称者不算真正的巴迪。巴迪有的是由蜡染布制成，有的则由丝绸做原料，质地不同，但大多宽而大，薄而凉爽。巴迪有长袖、短袖之分，出席晚宴者须穿着长袖巴迪。马来妇女穿着传统巴迪时，头上要披一条轻薄、艳丽的纱巾，纱巾垂挂至肩膀或胸前。

巴隆　巴隆为菲律宾一种男士上衣，可以穿着参加宴会，或是重要会议。巴隆样子像敞领衬衫，白色，有长袖及短袖之分。两边腰际有开衩，腰部略窄，前面有两个大口袋，胸前两边各有一条织出来的垂直白色花纹。

奥黛　奥黛是越南最具传统特色的民族服饰，多为丝绸制作，其最初的样式借鉴中国旗袍的特点，但又加入越南的民族特色。后来，包括法国设计师在内的不少服装专家又对奥黛进行了修改。21 世纪奥黛的样式，大概是在 20 世纪 30 年代时最终确定的。很多人都觉得奥黛和中国的旗袍有些相像，但其实奥黛是融入多种文化元素的一种服饰，它既能体现越南男子淳朴的性格，又能展示越南女孩子柔美的身材。

峇蒂　兴隆的大街小巷随处可见身着峇蒂的人。虽然这种花衬衫具有浓郁的马来风情，可是在兴隆，无论是印度尼西亚华侨、泰国华侨或是本地土生土长的海南人都喜欢穿这种花衬衫，除了面部特征略有不同外，已经无法分得清谁是“正宗”的华侨了。外地人眼里的异域风情，在这里却早已是司空见惯。

峇蒂

娘惹 娘惹服饰是马来西亚华人引以为傲的精致与奢华，也是娘惹文化的经典代表。爱美是女人的天性，在马来传统服装的基础上，改成西洋风格的低胸衬肩，加上中国传统的花边修饰，就是娘惹服饰。娘惹服饰多为轻纱制作，典型的热带风格。其颜色，不仅有中国传统的大红、粉红，还有马来人的吉祥色土耳其绿。服装上点缀装饰的图案，则是中国传统的花鸟鱼虫、龙凤呈祥。

纱笼 印度尼西亚归侨穿纱笼，类似筒裙，由一块长方形的布系于腰间。印度尼西亚归侨到兴隆后，人们经常可以看到一些穿着纱笼的印度尼西亚归侨妇女。平时几乎没有人穿纱笼，因为干活不方便，但是过年表演歌舞庆祝时，就会穿上纱笼。

纱笼（简化版）

马隆 菲律宾女士爱穿西式裙子，在会议和宴会上也有人钟情于民族服装马隆。马隆是一条宽长的布，样子有点像印度的纱丽，有十几种穿法。马隆在身上围好以后，根据布的末端是否搭过肩头，可以变化出许多式样来。

黎苗习俗

兴隆最早的居民是黎族同胞，后来又有苗族同胞前来聚居。兴隆华侨农庄成立之后，黎族、苗族的同胞主要居住在兴隆的河西片区，河东只有58队和26队两个少数民族聚居村，这些地区至今还保留着黎、苗两族特有的民俗传统。

黎族习俗

称谓 黎族的亲属称谓和姓氏很有特点。黎族人都按照宗教关系论资排辈，例如伯

黎族服饰

黎族船形屋

父的子女不管岁数多么小，叔父的子女无论岁数多么大，都得称呼伯父的子女为哥哥、姐姐。在社交中呼唤某人时，只能呼其名。

服饰 在服饰方面，妇女束髻于脑后，束以骨簪，披绣花头巾，衣无扣，对胸开襟，有的地方则穿“贯首式”上衣，下身穿裙。妇女大都喜爱戴耳环、项圈、手镯，有的人还保持着纹面和纹身的习惯。男子结鬃，有的结于额前、有的结于脑后，缠头，上衣为无领对胸开襟。

禁忌 黎族的一些节日期间有许多禁忌。比如春节期间禁忌讲粗话、不吉利的话。大年初一禁忌洗衣、扫地；准备上山打猎的人忌扫地。砍山栏一定要选择龙日、马日、兔日等吉祥日，同时亩头（当地称呼带头犁田的老人为亩头）不能在日间睡觉。在三月初八的牛节里，禁忌杀牛，而且要给牛喝一种用牛魂石浸过的酒。人们不得跨过炉灶，不准用脚踩、用刀砍炉灶等。

住宅特色 船形屋和金字塔型屋是黎族的主要特色住宅。船形屋是古代遗留下来的“干栏”。在汉族金字塔型屋尚未传入黎族地区之前船形屋曾是海南岛黎族人民的主要住房形式。由于这类房多呈斜向半架空或水平低架空状，故又称之为“干栏”建筑的派生类型，是黎族富有民族特色和地方特色的传统住宅类型。船形屋的特点是呈长方形，整个屋子由前廊和居室两个部分组成。屋顶状如船只倒置，以竹木为构架，用藤条捆扎，茅草盖顶，屋内不隔间，对头开门，门上屋檐伸展，檐下为休息、置物的场所，一般不设窗户，房间通风、采光较差，但船形屋却有防风避雨、冬暖夏凉的优点。

三石灶 黎族地区的炉灶——三石灶（亦称品字炉灶、马蹄形灶）设在室内，其主要原因是：黎族人过去经济、文化落后，生活困难，冬天只好在居室内生火取暖；黎族地区多蚊虫及疟疾病，室内烟火有驱蚊避疫之效；炉灶设于屋内还可随时监控火种。

饮食 黎族人习惯食用腌制后的生鱼和生肉，腌制方法是把米粉炒熟或煮半熟，同生鱼或肉类混合在一起，加适量食盐调匀，用罐子密封 7 天后（封存时间越久越好），即可取出食用，气味独特，味道酸甜，是黎族待客的上等菜。

三月三节（农历三月初三） 三月三节是黎族人最隆重的传统佳节，也是黎族青年的美好日子，又称爱情节、谈爱日，黎语称“孚念孚”。三月三节历史悠久，其发源地在东方市黎族自治县俄贤岭。自古以来，黎族青年男女于三月初三挑着山兰米酒，带上竹筒香饭，从四面八方汇集于一地，或祭拜始祖，或三五成群相会、对歌、跳舞、吹奏乐器来欢庆佳节。青年男女更是身穿盛装，欢歌热舞，谈情说爱，直到天将破晓。三月三节传到万宁南桥黎族苗寨后又有一番情调。这里的黎苗同胞除开展各种活动外，还将这一天定为纪念已故亲人的节日。当天还要吃精心调制的“三色饭”。所谓“三色饭”就是用三种植物和米混合在一起放在三个锅里煮成红黄黑三种颜色，然后再把这些饭混合起来，拌匀，就成了“三色饭”，象征着和平、团结和富强。三月初三晚饭时，邻居之间都把饭菜搬到一起，相互品尝节日的菜肴。晚饭后，小伙子和姑娘们便聚集到指定的场地，开展跳竹竿舞、射箭、放粉枪等活动。每年的这一天，家家户户都会端出山兰米酒，尽情痛饮，一醉方休。更深夜静，竹林远处又会传出对歌的谐音，那是黎族青年男女互吐爱慕的心声。

苗族习俗

兴隆与南林农场交界处以及 12 队现仍聚居有一部分苗族同胞，与南林农场交界处的苗族同胞至今还保存着苗族的传统服饰、信仰、节日和饮食习俗。12 队的苗族同胞服饰基本和汉族一样，只在民族信仰、部分节日和饮食习俗方面还有所延续。

服饰 当地苗族妇女头顶束发，包扎一块绣有图案的方巾，上身穿无领、右开襟、及膝长衣，腰间绑一条布带，下穿蜡染短裙。男子穿无领右襟上衣，下穿长裤。苗族男女服饰均以湛蓝为主色，服饰有着极强的民族特色，织绣工艺讲究，花纹丰富，色彩艳丽。

信仰 当地苗族宗教信仰主要为祖先崇拜，敬奉盘古为始祖。每年农历二月初二和六月初六都做粽粑祭奠，同时信仰墓主仙公、墓主仙婆。自然崇拜也占有重要地位，信奉山鬼、海龙公、土地公、灶王公等，每次砍山、狩猎都要祭告山鬼以求保佑。

节日 苗族是一个富有古老文明、讲究礼仪的民族，岁时节庆特色鲜明。苗族传统节庆按功能分为物质交流节庆，男女社交、恋爱、择偶节庆，祭祀性节庆，纪念性、庆贺性节庆等。按时序分，每月都有一个以上的节庆日。动月（1 月，也称鼠月或子月）1—15 日（第一个子日至第二个寅日）为玩年节，其中第一个子日为天岁节，苗人不出门（远门）；第一个丑日是地岁节，第一个丑日至第二个丑日（2—14 日）期间，人们纷纷走亲访友、互贺新岁，开展男女对歌、玩龙灯、要狮子等活动；第二个寅日（15 日）称为尾巴年，要烧龙灯。偏月（2 月，牛月或丑月）第一个丑日为社日，亦称龙头节，苗人祭土地神，接龙、安龙（苗语称“染戎”）。3 月（虎月或寅月）的第一个寅日为三月三节，多进行对歌、探亲访友。4 月（兔月或卯月）的第一个未日为牛王节（汉族称四月初八）、男女社交樱桃会、佛生日。5 月（龙月或辰月）的第一个辰日、第二个寅日分别为小端午节和大端午节，其中小端午节后来为纪念爱国诗人屈原，亦称屈原节、歌师节。6 月（蛇月或巳月）的第一个巳日为降龙节（汉族称为六月初六、六月场）、吃新节（大麦熟）。7 月（马月或午月）的第一个子日是小年节（苗族称七姊妹，即北斗七星）。8 月（羊月或未月）的第二个寅日为鸭节，第二个辰日为赶秋节。9 月（猴月或申月）的第一个申日为酒节（糯稻收割后酿制甜酒、米酒）。10 月（鸡月或酉月）为祭祀节（主要进行吃猪、跳香、还傩愿、安龙等祭祖祀魂活动）。11 月（狗月或戌月）为狩猎节，择日祭梅山三神，开始狩猎。12 月（猪月或亥月）卯日、午日为吃猪泡汤节（即杀年猪），灶神节（祭灶神），除夕夜。

饮食 当地苗族一日三餐均以大米为主食。油炸食品以油炸粑粑最为常见。肉食多来自饲养的家畜、家禽。苗家的食用油除动物油外，多是茶油和菜油。以辣椒为主要调味品。苗族的菜肴种类繁多，常见的蔬菜有豆类、瓜类和青菜、萝卜，大部分苗族都善作豆制品。普遍喜食酸味菜肴，酸汤家家必备。酸汤是用米汤或豆腐水，放入瓦罐中 3 ~ 5 天发酵制成的，可用来煮肉、煮鱼、煮菜。苗族的食物保存普遍采用腌制法，蔬菜、鸡、鸭、鱼等都喜欢腌成酸味的。苗族几乎家家都有腌制食品的坛子，统称酸坛。苗族酿酒历史悠久，从制曲、发酵、蒸馏、勾兑、窖藏都有一套完整的工艺。日常饮料以油茶最为普遍。酸汤也是苗族的一种常见饮料。

岁时习俗

年俗 兴隆传统节日与其他地区基本相似，但也略有不同。春节是兴隆地区最盛大、最热闹的一个节日。贴年画、贴春联、贴“福”字、点蜡烛、吃团圆饭、放爆竹、拜年、给小孩压岁钱是兴隆人欢度春节的主要活动内容。贴年画来源于“贴门神”。兴隆当地方言里，过春节叫“做年”。

兴隆原籍当地人过年从农历腊月开始，腊月二十三为“祭灶节”，把灶王爷送走后，就要打扫房子。这时，每家每户都要预备一把新扫把，将屋顶、墙壁打扫一番，称为“扫尘（陈）”。年三十上午，兴隆当地人家家户户都会贴上春联、门神。兴隆的归侨们极少购买春联，而是更多地选择中国结，并搭配红灯笼以及东南亚的装饰品，中国传统文化和东南亚文化在兴隆归侨的家里融合出别样风情。兴隆归侨众多，年货独具东南亚风情。春节来临前，兴隆归侨家家户户都忙于制作印度尼西亚糕点作为必备年货，如七层糕、糯米条、打兰糕、黄金糕、火筒饼以及炕饼等。

除夕夜，兴隆当地人把年夜饭称为“吃围炉”。全家人围着火炉，炉上架着锅，锅汤滚开，夹着切好的肉菜在汤里涮着吃，味道鲜美。兴隆归侨的年夜饭以东南亚口味为主，口味较重，菜肴中常加入椰浆及胡椒、丁香、咖喱等各种香料调味，餐桌上常备有辣椒酱，菜肴有咖喱鸡、巴东牛肉、烤沙嗲、咖多咖多等。

大年初一零时，各家燃放爆竹，热闹非凡。初一早上，人们总是先给家族中的长者拜年，然后相互道贺。拜年的方式各种各样，有的是同族家长带领人们逐家祝贺，也有的是大家聚在一起相互祝贺，表示辞旧迎新。春节期间还开展丰富多彩的文体活动。过年给小孩子“压岁钱”已成为兴隆民俗。大年初一，无论老少，都要起床吃斋饭（寓意自己清净洁白，亦有怀念祖先之意），兴隆吃斋饭，正如北方人过年必吃鱼（寓意年年有余）一样。斋菜主要由茄子、绿豆芽、豆腐、芹菜等烹制而成。茄子寓意“一年比一年强”，绿豆芽和豆腐寓意健康长寿，芹菜则寓意勤劳致富。兴隆归侨的斋饭仍以东南亚口味为主。

兴隆是沉香的产地，因此兴隆人过去有过年烧沉香木的习俗。也许是由于沉香木愈加罕见、名贵，这一习俗已不多见。

元宵节 为庆祝元宵节，兴隆人除了购置酒肉外，都要采摘“田兄”（一种可食野草）伴以米粉、椰肉片、食糖制成糖果，送亲敬友。夜晚有舞狮、舞龙、游花灯活动。兴隆归侨们还会品尝咖啡、甜点。

春分 兴隆有些村庄在春分这一天有扫墓、祭祖的习惯。

清明节 清明节兴隆人扫墓时，首先要铲除杂草，增添新土，插小纸旗，再摆上饭团、猪肉、鱼、瓜果、点心等供品，摆上 3 个酒杯，点燃 3 支香，2 支蜡烛，斟 3 次酒，燃纸钱金锭，或献上一束鲜花，以寄托对先人的怀念，并祈求先人庇佑后代身体健康、事业辉煌、代代出英才。

端午节 每到端午节，兴隆人都会开展清扫活动，比如用艾叶、苦楝叶和水冲洗身体，谓之洗“苦水”，还要用草药水喷洒庭院等，以驱除污秽邪恶，净化环境。端午节当天家家户户还要包粽子、吃粽子、吃鹅肉。

七月节 农历七月十五，俗称七月节，亦称“鬼节”，过去兴隆的许多村落在七月十五夜晚“施孤”，即村前村后，沿途遍插香烛，“施舍”孤鬼冤魂。还有放文灯的习俗，文灯飘荡半空，加以鞭炮，意为驱魔逐鬼。

中秋节 农历八月十五，兴隆一般家庭都会购置月饼、猪肉、鸡、鸭、鹅，全家聚餐庆祝。到了夜晚，一轮明月挂空之时，一家大小首先选取月照最佳处，再摆上月饼、时令瓜果等供品，焚香祭拜月神，求月神帮助自己实现心愿。长辈指点明月向儿孙讲述嫦娥奔月、吴刚伐桂、玉兔捣药等神话故事。其间，大家边吃边聊，并穿插吟诗作对、制谜猜谜等活动，其乐融融，以示家庭团圆，美满幸福。

冬至 兴隆原籍当地人一年扫墓两次，即清明和冬至，冬至祭扫和清明相似，在兴隆当地较清明节更为普遍和隆重。兴隆归侨则基本上只在是清明时扫墓。

1960 年以前，国营兴隆华侨农场周边的农家在这一天不犁田，让耕牛休息。人民公社化期间，各生产队都在冬至前后“分红”（发放工资），供农民春节时购买年货使用。

人生礼俗

婚俗

解放前，受封建礼教影响，男女婚姻听从父母之命、媒妁之言。同姓同祖不许通婚。结婚年龄，一般男性在 18 ~ 19 岁，女性在 16 ~ 17 岁。婚姻主要有父母包办、买卖、童养媳、续娶重嫁、入赘等封建形式。解放后，买卖婚姻减少，一夫多妻制被废除。兴隆人的婚姻观逐渐改变，特别是在 1951 年归难侨到兴隆安置，成立华侨农场后，兴隆原籍当地人逐渐地受归侨影响，接受了新婚姻观念，适龄男女可以自由恋爱、自由婚姻，媒妁之言仅仅起到介绍男女双方认识与沟通的作用。1963 年以后，随着与兴隆接壤的永乐大队、永丰大队及长征大队合并到兴隆华侨农场，村民和归侨通婚日渐频繁。

兴隆婚姻习俗一般有提亲、定亲、纳聘、择吉、成婚、回门 6 个程序。

提亲　一般由介绍人（亲戚、朋友）或媒婆牵针引线，向男女双方介绍对方情况，转达结缘之意。海南解放前，当介绍人或媒婆提亲、男女双方家庭有意后，由媒人拿着女方生辰八字给男方家，请算命先生算命，如果没有克冲，就可以定亲。海南解放后，已经省去了算命等迷信做法。归侨或归侨的后代提亲相对简单，介绍人给男女双方介绍情况后，如果双方愿意进一步了解，那么介绍人便可将介绍两人互相认识，随后可以继续交往。

定亲　海南解放前，定亲一般是男方家选定吉日由媒人向女方家送庚帖（写明男女双方的生辰八字的帖子）、槟榔、茶、篓叶、糖果、点心，富者盛以银盒，次者盛以锡盒，贫者以彩帕包裹。若女方家允诺，则由辈分最长者首先开盒启帕，手拈一枚槟榔果，即表示同意定亲，婚姻关系就此便确定下来。定亲一般要举行订婚仪式，在订婚这一天，男女两家都要张灯结彩，筹设酒菜招待亲戚、朋友，酬谢媒人，以告谢大家。海南解放后，定亲形式相对简单，自己就可以定终身，若需要介绍人出面确定关系，只需到双方家里说明即可。

纳聘 子女长大至适婚年龄时，由男方家托媒人征求女方家的意见，经同意后，择吉日给女方家送大礼（现金、猪肉、糕饼等）。礼物多少根据男方家庭情况而定。海南解放前，数十银元即可，海南解放初期仅送 100 ~ 200 元，后随着社会经济发展，人民生活水平提高，聘礼及礼金数额也高起来。

择吉 即选择结婚日期。一般由男方家提出，如果女方家没有重大事由，就不能随便拒绝。海南解放后，实行婚姻法，择定婚期后男女双方便可自行办理婚姻登记，领取结婚证，自此，婚姻得到了法律的保障。

成婚 海南解放前，婚礼前，男方家要请已婚青年妇女为代表（俗称“致家”）前往迎请新娘，也有新郎自去迎请的，即迎亲。迎亲这一天，必须雇请乐队随去奏乐。旧时讲究新娘一定要坐花轿，而且须八人抬才吉利。在女方家款待新郎的筵席散后，由代表或新郎请新娘坐上花轿回到男方家。迎请新娘的花轿回到男方家时讲究鞭炮齐鸣、鼓乐高奏。海南解放后，迎亲仪式随着时代的发展而变化。50 年代初男方家请秧歌队到女方家迎亲，60—70 年代用自行车结伴前往女方家迎亲，80 年代以后用小汽车到女方家迎亲。

旧时婚礼仪式较为复杂。新娘到新郎家以后，要先拜祖先牌位，因为祖先牌位一般在大堂神桌上面，新娘坐北面，所以拜祖先又叫作“拜堂”。拜堂行三跪九叩大礼，有专人司仪引导。然后在堂上吃“合卺酒”。新郎坐南面，新娘坐北面，互相用水清洗对方的手。新郎用筷子轻轻揭开新娘的“蒙首”使新娘能够喝酒，酒喝 3 杯即可。经过拜堂夫妻名分正式成立。海南解放后，旧婚姻礼俗中迷信的部分已不复存在，烦琐的礼仪亦已简化和更新。1980 年后，随着经济发展，人民生活水平的提高，婚礼已形成一系列仪式化流程。

兴隆原籍当地人一般在自己家里举行婚礼，设置酒席，招待亲朋来宾。举行婚礼的前一天下午就要入厨，即在自己家的院子里搭起帐篷，拉来大米、灶具等，做好第二天婚宴开火做饭准备工作。婚礼当天中午时分，首先在自己家里举行结婚仪式，然后在院里宴请亲朋来宾。兴隆归侨在 1980 年以后一般都在酒店接近中午时分举行婚礼和宴请。

回门 即婚礼后的第二天，新郎、新娘拜见新郎父母，叫作“出拜”。海南解放后，尤其是 2000 年以后，新郎、新娘的婚房与父母家不在一起，新郎、新娘第二天必须要回家拜见新郎父母，第三天回到女方家，拜见女方父母，称“回门”，也叫“归宁”。至此成婚过程才算全部结束。

举行婚礼前，男女双方都要给双方亲朋、同事发送请帖，邀请他们前来参加婚礼。旧时客来必先吃槟榔烟，然后才喝酒吃饭。来贺喜，送钱为礼，俗称“脸皮”。送多少钱，叫“做多少脸皮”。海南解放后，亲朋、同事贺喜有送礼物的，也有送钱的。1980年后，大多数贺喜是送钱为礼。

生育 海南解放前，妇女生育，头胎是男孩的，要拿小公鸡向娘家报喜，并在家中燃香点烛，叩拜祖先赐福添丁。同时在大、小门外悬吊野生的鸟芋（芋头茎叶）表示“入禁”。入禁后，不准外人入室，不准在室内外或附近大声喧闹，以免冲犯婴儿。7 天后出禁。12 天后，选择好日子把孩子放入摇篮，邀请外家的姐妹来贺喜。产妇坐月子除沿海地区外，禁忌吃鱼腥。孩子满周岁叫“对岁”，岳父母要送用银打制的麒麟、项圈、足圈等给孩子佩戴；富裕户还送田地、耕牛等。对岁这天，选择时辰，孩子穿上新装，佩戴外家送来的银器，由长辈抱着，坐在桌上。桌上放着笔、墨、砚、书本、算盘、银钱、鸡腿、怡糕等，看孩子先抓什么，当作小孩未来事业的象征。海南解放后，产妇到医院分娩，入禁习俗基本绝迹。兴隆原籍当地人的 12 日入篮和对岁习俗依然存在。

寿辰

生日 小孩过生日有煮鸡蛋吃的习俗，表示孩子脱壳长大，而且长得像鸡蛋一般光滑好看和圆满。成年人过生日则设家宴庆贺。

寿诞 海南解放前，兴隆本地人对待寿诞比较重视。子孙齐全的老人，年满 60 周岁（虚岁 61 岁）时，子女便为之祝贺寿辰。困难人家，只点红烛、吃红蛋。富有人家便大摆筵席，宴请亲戚朋友及宗族中伯叔兄弟。有名望的人家更为讲究。海南解放后，特别是 1980 年以后，随着兴隆生活水平的提高，兴隆本地人对老人寿辰更加重视。出嫁的女儿要买全副猪肝、猪肺、猪心、糕点以及一套崭新的衣服前来敬贺。多是祝 60 周岁（虚岁 61 岁）、70 周岁（虚岁 71 岁）、80 周岁（虚岁 81 岁）、90 周岁（虚岁 91 岁）、100 周岁（虚岁 101 岁）寿辰。祝寿时，请文人作寿序、写寿联，亲友送寿镜、寿糕祝贺，还有唱赞礼贺酒，以示长命百岁之意。兴隆归侨称 80 岁以上的老人过生日为“做寿”，一般很隆重，往往会通知一些亲朋好友到酒店设宴祝贺。60 岁以上、80 岁以下的老人寿诞只叫过生日，基本上全家或在老人家里，或到酒店聚餐，少不了每人一个红鸡蛋、火筒饼等生日传统食物。也有些兴隆归侨在举行寿诞时选择外出旅游庆祝。

丧葬

海南解放前，丧葬礼节有简有繁，但都为入棺土葬。丧葬礼节有13个基本步骤：

净身 人去世后，第一件事要做的是为死者净身。净身要用温水，仔仔细细地为死者擦洗全身3遍，为死者穿戴寿衣、寿鞋等。

鸣炮 死者“出教厅”后，将一副写有“告父终”或“告母终”3个大字的白布条幅挂在大门外，并鸣单响炮或敲锣、鸣枪一声。鸣炮一是向死者致哀，二是向外人宣布死者逝世的消息。有的归侨会在大门外张贴讣告。

报丧 即使是在深夜去世，也必须即刻派人给所有的亲戚报丧。按照习俗，死者去世后，家人是不能到别人家去的，必须等死者过七日后，方可进别人家的门。而在这七天内，外人也不想到死者家去，认为会沾染“衰气”。所以不管路途有多遥远，都必须也只能托别人上门报丧。过去在兴隆，人去世后只有直系血缘亲属及最亲密的人才能回来哀悼。比如父母不幸逝世，回来哀悼的亲人只能是儿子、女儿、丈夫（或妻子）、孙子、孙女，即使是女婿也不能回来致哀。

入殓 如果当天夜里或上午去世的，一般下午可以入棺；如果是下午去世的，必须到次日才能入棺。

做斋 死者入棺后，要为死者做超度亡魂的法事，即做斋。海南解放前，做斋由法师或道士来做。做斋视其规模可分为两个级别。一种即一般人们所说的做斋，共有4名法师（俗称“三父公”），法事时间是1天，有的是3天。另一种法事兴隆俗称“一二繁观”，共有16名法师，法事时间为一个礼拜，礼节繁多，规模宏大，场面隆重，而且在出殡的路上，每走12步，便要停下来做一次斋，因此称为“十二繁观”。“十二繁观”虽然隆重，但花费也巨大，一般的人家是做不起的。

做斋首先是设置灵堂，布置道场，一般在死者家院里搭一个棚（如果是做“十二繁观”，就要搭一个戏台）。晚上八点法事正式开始，俗称“起斋”。法事从晚八点开始，一直做到第二天凌晨四点（中间有休息）才算告一段落。做斋的当晚，死者的子女、另一半须日夜在棺前守灵啼哭，一般男性在左，女性在右。这时，亲戚、朋友都送来礼封或文布，给死者烧香、叩跪、吊唁。“三父公”除了做法事外，还负责为死者“建”纸屋，札纸制工衣裤等物。这些东西安置在棺前及两侧，门外则吊挂符文、文布。法师或道士们除了奏哀乐外，还以男女对唱的形式追忆死者生平，歌颂死者的优秀品德。

入棺 死者死后的第三天，也就是做斋的第二天（如果不是做“十二繁观”，那么死者最多只能在家停尸三天），大约八点左右，法事继续进行。临近中午，死者尸体开始入棺。入棺前，“三父公”先用“仙水”为死者净棺，并在棺底四角放四个符。死者入棺后，亲人们以辈分、年龄、性别为序，排队绕棺为死者敬酒，敬完酒后，便正式盖棺。这个时候，是亲人们最悲恸的时刻。盖棺后，“三父公”开始焚烧为死者制作的纸屋、纸衣等物。该烧的东西烧完后，便是最隆重的“过桥”仪式。“过桥”是在庭院中摆上一长串的凳子当作“桥”，在哀乐声中，亲人们披麻戴孝，同样是以辈分、年龄、性别为序，一个接一个从“桥”上走过，为死者做最后的送别。过完“桥”后，“三父公”开始焚烧巨大的纸鹤，随着大纸鹤一点点地化为灰烬，意味着死者也乘着纸鹤一步步的升天而去。至此，法事已接近尾声。

出殡 下午三点，已到了出殡（俗称“出屋”）的时辰。此时，抬棺的人已经请来并已用过酒饭。在兴隆，抬棺是一件“衰事”，一般人特别是年轻人都不愿意干这事，只有那些不怕“衰”的五六十岁左右的中老年汉子愿意。干这门差事，虽然被人瞧不起，但是可以饱餐一顿酒饭，并有红包拿。抬棺的人一般有 8 个人，俗称“八大金刚”，这“八大金刚”除了抬棺外，还要负责挖墓坑、填土以及把死者的遗物，如死者生前睡过的床、穿过的衣服等物搬到村口焚烧等差事。死者出屋要燃放鞭炮，“八大金刚”抬着棺材，一路上吆喝声声，向墓地出发。亲人们跟在后面，一路上燃放鞭炮、挥洒冥纸，为死者送行。

入土 按照习俗，女性是不能送死者到墓地的，只能送到半路便返回，后由男性一路送到墓地。到达墓地后，死者棺材被放进事先挖好的墓坑中，亲人们各掬一把土洒到墓坑中，然后由“八大金刚”挥铲填土，坟墓靠以后每年扫墓的时候一点点的堆高成坟，刚填好的墓地与平地没有差别。至此，死者正式入土为安，亲人返家。

七日、百日、三年 死者逝世后第 7 天，亲人都要回来哀悼，俗称“七日”。死者逝世满 100 天，又是一个祭期，俗称“百日”，这一天，亲人们也都要回家哀悼、祭奠亡魂。死者逝世满 3 周年，又到一个祭期，俗称“三年”，亲人们同样都要回来拜祭。

“七日”“百日”和“三年”祭期，亲人们都是在死者家中哀悼和拜祭，并不到墓地去。而且死者的坟墓也必须满三年，也就是死者“三年”祭期过后才能祭扫。

其他丧葬习俗 不满18岁，即未成年的人死后，是不许用棺材装殓的，只能用草席包裹埋葬，也不许做斋；如果死者不幸在野外死亡，尸体是不允许抬回家停放的，所有的丧事，包括做斋都要在野外进行。

海南解放后，丧事风俗有所改革。至2017年，逐渐有一部分死者家属采取火化的形式，火化后将骨灰放置在骨灰盒中，或土葬或海葬。丧葬礼节变化不大，只是有些在形式上有点变化。

礼节 兴隆人很讲究礼节。民国前，百姓见官、婚丧大礼、拜墓祭祖、给长辈拜年祝寿、陪礼叩谢等均行跪拜礼。迎送宾朋，熟人相逢，须作揖拱手致意。民国时期，跪拜礼渐除，代之以鞠躬。民间特殊场合，如求神拜佛、祭祖、吊唁、给长辈拜年乃行跪拜礼。海南解放后，朋友见面握手，点头示意，招手致意为普遍礼节。家宴、家庭吃饭，座位仍分上下，客人、长辈居上，小辈居下。如逢喜事，亲朋好友间互送红包，喝喜酒，以示祝贺。如逢丧事，亲朋好友间互送钱礼，竭力帮助。学生在路上遇见老师，自觉肃立，敬学生礼，等老师答礼后才离开。

兴隆原籍当地人子女对祖父、祖母称为“阿公”“阿婆”，称呼伯父、伯母为“亚族”“族妈”。一般社交泛称男性为“阿公”“阿兄”，称女性为“阿婶”“阿嫂”。

槟榔礼俗 游客到兴隆除了领略兴隆的自然风光外，“客至敬槟榔”是当地一大特色的风俗。槟榔切片以后沾上佐料细咀慢嚼，吐完绿水，又生丹津，吃后面红耳赤，正如苏东坡即兴写的：“两颊红潮增妩媚，谁知侬是醉槟榔。”

槟榔待客的风俗，古来有之，早在《南方草木状·槟榔篇》中已有“广交人凡贵胜族客，必先呈此果”的记载。宋代《岭外代答》一书，则写道：“客至不设茶，唯以槟榔为礼。”兴隆人平时访亲探友也要买上槟榔当作“甜路”（伴手礼）。在过年之前，兴隆人会备置槟榔，过年用槟榔敬祖，客人入门也敬请客人吃槟榔，晚辈还会捧上槟榔孝敬长辈。槟榔还是青年们爱情的象征，小伙子一旦看中哪一位姑娘，先向女方娘家赠送槟榔（俗称“放槟榔”）表示求婚之意，如果女方收下，就表示定了婚约。举行婚礼时，新郎、新娘都要给登门贺喜的亲朋敬献槟榔，以表敬意。

兴隆东南亚风情村

名人与名区

兴隆华侨农场的创办，是在特殊的国际、国内客观历史条件下，中国华侨事业发展过程中的一种历史选择、历史必然，注定了兴隆会受到世界的关注。60多年中，世界各国友人来到兴隆，留下动人的故事。广大创业者无私奉献，用汗水与青春书写难忘的峥嵘岁月、激昂的人生乐章。他们所创造的发展成果、所展现的精神风貌，在海南国际旅游岛建设进程中，成为推动兴隆发展上，激励兴隆新一代奋勇向前的物质与精神财富。

人物传略

冯子材

冯子材（1818—1903） 广东钦州（今属广西壮族自治区）人，字南干，号萃亭，清末著名将领。清同治元年（1862）起，历任广西提督、贵州提督等职。清光绪八年（1882），退职归田。光绪十年法国军队侵犯滇、桂边境，以广东高、雷、钦、廉四府团练督办参加抗战。次年二月，任广西关外军务帮办。光绪十一年，冯子材父子身先士卒，奋力迎敌，大败法军于镇南关（今友谊关），收复文渊、谅山，晋太子少保。光绪十二年，光绪皇帝任命冯子材为“钦差臣太子少保督办全琼军务”，率兵3000人马渡海过琼，分两路镇压黎民起义军。光绪十三年，冯子材深入五指山区。此后，执行张之洞抚黎章程12条，仿照海瑞、莫宣宝等前人的做法，在海南开通五指山十字大道及各县小路共3000余里，并在黎族聚居区设立抚黎机构，建立总管制，为后来在黎区设县创造条件。除“开通山路，收抚黎众十万人外”，还采取了在海口、兴隆、陵水、南丰、崖州5地首设电报局；减轻赋税，鼓励垦荒；在水满峒（今五指山市五指山乡）设集市贸易，创办学校教育少数民族子弟等一系列发展经济、文化的首创性措施。光绪十三年四月撤兵离开海南。光绪二十年加封尚书衔。光绪二十九年，夏日行军途中中暑，牵引旧伤，在南宁行辕辞世。

钟仁宠（？—1906） 海南万宁人，清代拔元。清光绪十二年（1886），冯子材在海南镇压黎民起义时，利用钟仁宠为军佐。钟仁宠在兴隆设教多年，熟悉黎民情况，与内应配合，直入黎峒，杀死陈中明、陈中清等人，镇压黎民起义。清廷以“以黎制黎”政策，委任钟仁宠为兴隆抚黎局局长，驻扎兴隆，专管黎族事务。继后兴办少数民族教学点，发展与促进少数民族地区的文化。

钟启桢（？—1916） 海南万宁人。曾创建规模最大的黎民学校，即兴隆四黎学校。学校有大讲堂4间，宿舍10间，可容纳学生200余人。钟启桢做事颇有条理，对黎民影响很大。他任教的地区，黎民识字率高于其他地方。清末民国初，承袭其叔父钟仁宠任兴隆抚黎局团总，后又率领兴隆抚黎局士兵在万城击退广东湛江海匪谢桂初、梁儒初等，后任州牧。辛亥革命后，钟启桢率部返回兴隆，于1915年发动兴隆、牛漏一带黎汉农民参加海南讨袁（世凯）驱龙（济光）斗争运动，影响很大。1916年，被龙济光部属诱杀。

詹力之（1905—1998） 别名尊铣，海南文昌人。1926年，毕业于广东省立工业专科学校机械专业。二十世纪二三十年代曾先后在香港、湛江等地从事党的地下工作。1930年，在广西梧州劳工学校任教务主任。1938年，至文昌县组织抗日游击队第十六大队，并任政训员。1940年，在文昌县民主政府抗日指挥部任政治部主任。1941年，任文昌县民主政府财政科科长。此后历任琼崖东北区政府财政科科长、白沙县人民政府县长兼工委书记、琼崖特委总务委员会主任、琼中县人民政府县长兼工委书记、琼崖西路税务委员会副主任、琼崖临时人民政府税粮科科长。1950年后历任海南区贸易局副局长兼贸易公司经理、海南行政区财政委员会委员、海南行署商业处副处长、海南行署专卖局局长、海南行署工商处代理处长。1956年到国营兴隆华侨农场任副场长，后担任场长和中共兴隆华侨农场党委副书记，带领侨场职工大力开荒生产和扩大热带经济作物种植面积，还办起农业机械、粮油加工、汽车修理、农副产品加工、制胶厂、砖瓦厂等，使兴隆得以长足发展，声名远播海内外。1978年，调任广东省归国华侨联合会委员、海南区归国华侨联合会副主席、文昌县政协副主席、文昌县宋庆龄基金会副主席等。

詹力之

陈平（1911—1960） 又名陈时文，海南文昌人。1924年在新加坡育英学校读书，后至上海暨南大学就读。1929年，在新加坡协助父亲经营茶店。1937年加入马来亚共产党，先后担任新加坡洋业工友互助会党团书记、新加坡“励志社”秘书长、新加坡琼侨救乡会常委兼救济部副主任。1940

陈平

年经马共中央介绍转为中共党员，同年任琼崖纵队驻港代表。1946年冬，被任命为琼崖纵队驻马来亚代表，创办《琼潮报》并担任主编。1949年，任琼崖临时政府工商所副所长。解放后，海南军政委员会华侨事务委员会改组，任海南军政委员会侨务局副局长。1951年，兼任归国难侨临时处理委员会办事处（以下简称难侨处）海南分处主任，负责接待和安置工作。中央华侨事务委员会决定安置部分归国难侨到海南岛开发种植热带作物，发展生产。海南区党委、行政公署指派陈平陪同中侨委生产救济司副司长吴风以及难侨处宣传科科长陈仁熙等人，在海南岛各地巡行考察、踏勘，提出将难侨安置到兴隆安家落户，同时兼任兴隆华侨生产指导委员会负责人，开始垦荒种植、生产自救，创办兴隆华侨农场。1952年，兼任兴隆华侨集体农庄负责人，并聘请澄迈县福民农场（个体）场主陈显彰担任顾问和技术员，大力发展热带经济作物如咖啡、香茅、剑麻等，对归难侨的安置工作和兴隆华侨农场的创建以及发展做出特殊的贡献。

刘滨（？—1968） 福建厦门人，马来亚归侨。在马来亚参加共产党领导的革命斗争以及抗日和抗英斗争。立场坚定，坚贞不屈。1950年被英国殖民地当局逮捕并驱逐出境回国，成为兴隆第一批创业人，曾任兴隆华侨集体生产时期的代理负责人，亲自带领归难侨开垦荒地，种植水稻、番薯、木薯等进行生产自救，使归难侨得以安居乐业，为兴隆华侨农场草创时期做出一定的贡献。其后组建兴隆华侨农场工会，历任生产队队长、生产管区主任、管区党支部书记等职务。1965年，调任兴隆华侨中学党支部书记，继任长征中学党支部书记。

刘滨

曾广（1912—1983） 广东揭阳人，毕业于道济中学。1936年在家乡参加“义勇军”小队组织。1937年3月参加共产党。先后担任地下党组织的支部书记、区委书记、县委书记等职务。1942年，受党组织派遣以教师身份为掩护，到海丰县公平中学进行地下工作。1944年，于潮汕组织揭阳人民抗日游击队，担任潮揭丰县委书记兼韩江纵队第2支队政委。1946年，任中共地下组织潮汕特委书记，后任中共潮汕地委书记、潮汕人民抗日游击队政委，领导解放战争时期潮汕3年的游击战争。

曾广

中华人民共和国成立后，担任中共潮汕地委副书记兼潮汕专区公署专员。1951 年，兼任归国难侨临时处理委员会副主任。1953 年下放到兴隆华侨集体农庄锻炼，后当选为兴隆华侨集体农庄主席。1956 年被任命为副场长，制定“以短养长”的发展方针，善于团结干部，带领集体农庄庄员们发扬主人翁精神，披荆斩棘，艰苦创业，大面积垦荒，种植热带经济作物油棕、香茅、剑麻、咖啡等。为兴隆华侨农场的早期发展贡献殊钜。

陈武英（1914—1989） 原名陈元钰，海南琼海人。1930 年 4 月参加革命，任共产主义青年团琼东县委第二区委员会宣传委员。1933 年被捕入监狱，在琼东狱中仍然坚持斗争，积极向党靠拢，于 1936 年秋在琼东狱中由陈焕香、郭远东介绍加入中国共产党。1939 年 2 月获释。1940 年，任琼崖游击队抗日独立总队第 1 支队第 2 大队第 4 中队指导员，后历任大队政委等职。1948 年，任中国人民解放军琼崖纵队第 5 总队长。1949 年，任琼崖临时人民政府公安厅厅长、琼东县民主政府县长等职务。解放后，任广东省海南区行政公署农林处处长，后调到兴隆华侨集体农庄担任负责人，带领华侨集体农庄庄员们开路辟地，发展生产，并组建拖拉机队，办起了联合加工厂和砖瓦厂，改造茅草屋，提高归难侨劳动积极性，改善了广大职工的生活条件，为兴隆华侨农场的生产发展和农业机械化做出一定的贡献。

陈武英

萧英（1914—2010） 曾用名萧来英、萧小平，祖籍广东惠阳。出生于马来亚雪兰莪州加影埠一个矿工家庭。8 岁起在橡胶园干杂活，13 岁开始割胶和洗矿。1943 年由海南抗日组织成员叶亚迎、叶运等介绍参加了抗日组织活动，并以挑担买卖作为掩护，接送情报和运送货物给抗日军驻地。后来组织又通过她购买铜线、胶布和药品等，安排她收月捐等工作。继而又参加橡胶工会和妇女联合会。抗英战争爆发后，参加秘密地下活动，负责收集月捐和交通情报，并输送粮食、货物进山交给抗英游击队。此外还反奸除恶，配合游击队在当地侦察敌人动态，收集情报，打击敌人。1949 年，因叛徒出卖被拘捕关押在居銮拘留所，后转到祈山集中营监禁。1951 年，被英殖民当局驱逐出境回到广州。同年，由广东省侨委安排到海南兴隆落户，并开展生产自

萧英

救。1953年带头加入兴隆华侨集体农庄，担任妇女组组长。同年，被评选为“先进劳动工作者”，出席广东省先进劳动工作者会议。1954年，任香茅队队长。1958年，出席全国妇女建设社会主义积极分子大会。1959年参加中国共产党，调任农场第四作业区副主任、主任职务。在农场工作期间，思想和工作一贯表现积极，任劳任怨，被农场评为“十年劳动模范”。

张奋

张奋（1915—1989） 原名张明发、张智民，笔名张执之。海南琼海人，马来亚归侨。1939年，参加琼崖华侨回乡服务团，担任民运队副队长，中国华侨事务委员会部学校校长。1956年，担任中共国营兴隆华侨农场党委书记，和广大干部和职工群众一起，艰苦创业，发展生产，种植橡胶、胡椒、椰子、油棕、可可、咖啡等经济作物，还组建起汽车运输队、拖拉机耕队以及办起联合加工厂，真正把兴隆华侨农场变成“宝岛明珠”。接待、陪同党和国家领导人与外国政要及名流考察、参观。“文化大革命”期间受到迫害。“文化大革命”结束，先后担任广州军区生产建设兵团2师8团副团长、团长等职务，带领广大干部和职工为兴隆华侨农场的发展壮大做出重大的贡献。1974年，调任中共万宁县委副书记，分管统战和农垦工作，认真贯彻落实华侨的各项政策，为兴隆华侨农场的侨胞落实政策，平反错案、冤案、假案做出努力。

徐洪顺

徐洪顺（1918—1997） 江苏淮安人。1943年参加新四军，经历抗日战争和解放战争。1964年转业到北京外国语学校工作。1965年，调到海南兴隆农业学校担任副校长，主持日常工作。1970年，调任广州军区生产建设兵团2师9团副团长。1974年，调任海南农垦南林农场任场长。1975年，调回兴隆华侨农场担任党委书记，次年“文化大革命”结束，为了使兴隆华侨农场恢复发展，他和农场领导班子经过一番努力，一边抓革命，一边促生产，使兴隆华侨农场的政治工作、经济发展、职工生活逐渐步入正轨，为兴隆华侨农场的继往开来打下良好的基础。1978年，调任海南农垦橡胶厂党委书记。

杜澄波（1918—2012） 广东澄海人。1935年在印度尼西亚三宝垄明记铁店任店员，后曾在印度尼西亚婆罗洲经营航业任经理。1950 年回国在中央统战部青训班学习，后任中央统战部二处行政干事、中央对外联络部总务股副股长、中央统战部行政科科员。1959 年，任兴隆华侨农场生产科科长，后历任万宁县祖生水库办公室副主任、县太阳河水利工程局行政科副科长。1965 年在兴隆农场石栏门水库任科员。“文化大革命”中遭受磨难，在兴隆农场五区第 3 生产队劳动，1973 年在兴隆农场 36 队、38 队工作组工作。1981 年，任兴隆农场平整指挥部青年突击大队后勤负责人。1984 年，任兴隆农场青年突击大队副大队长。离休后曾任印尼侨友会会长。

杜澄波

蔡如秋（1919—2001） 泰国归侨，祖籍广东普宁。出生于泰国曼谷郊外。抗战爆发后，参加当地青年抗日队。1939 年响应南洋侨领陈嘉庚的号召，自费回国参加华侨机工服务团，在保山参加第 15 大队，经滇缅公路转运海外物资支持国内的抗日战争。1941 年秋，日军进犯柬埔寨、泰国、缅甸、越南等东南亚国家，蔡如秋辗转回国，在西南运输处的送车队工作。随着战事的失利，滇缅公路被切断，他历尽艰苦，直至抗战胜利后复员回泰国。1954 年到兴隆华侨农场，被选为热带作物队副队长。后为了培养汽车司机运输胶水，他自觉当起了汽车司机教练员，为培养汽车运输队司机做出努力。

蔡如秋

吴金铎（1919—2001） 曾用名吴家璇，马来亚归侨，原籍福建南安，出生于马来亚彭享州劳勿武吉公满埠。1949 年在武吉公满埠当矿工，同年参加协助马共地下民运工作。1952 年，被英国殖民当局抓捕关在吡叻（霹雳）州怡堡集中营，同年被逐回国。1953 年，被安置在兴隆，在香茅厂当职工。1955 年，被评选为“全国青年建设社会主义积极分子”和“广东省社会主义建设积极分子”。历任香茅厂队长、副主任、联合厂副厂长、工交科副科长、工会副主席、海边站党支部书记、工交科副科长、工会副主席、武装连政治指导员、兴隆华侨农场职工医院中共党支部书记、

吴金铎

广州军区生产建设兵团2师8团兴隆中学工宣队队长、8团第5营营长、第七管区党总支书记、场部组织科副科长、兴隆华侨农场机关党总支副书记等职务。曾经3次赴北京参加中华全国归国华侨联合会代表大会。1989年，任兴隆华侨农场侨务办公室副主任兼侨联主席。还被选为全国侨联第一、二、三、四届委员。为兴隆华侨农场的建设与发展默默奉献自己的力量。

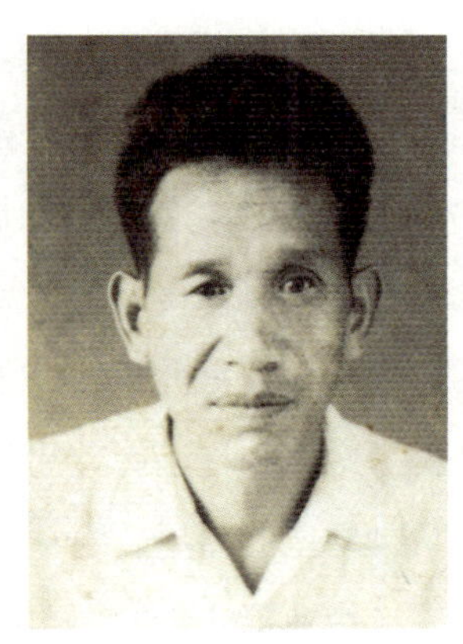
李东鲁

李东鲁（1920—2000） 山东东阿人。1939年在天津织布厂当学徒。1944年在河北省宁河县参加八路军，在县支队80团任战士。1945年加入中国共产党，是年至1946年在县支队80团任班排长，同年被选为战斗英雄于15军分区司令部受奖励。1947—1948年，在中国人民解放军第四野战军第46军某部任副连长。1949年，在第9纵队138师413团任副连长。1950—1952年在第46军某部任连长。1953年在师部学习。1953—1955年转业到地方工作，分配在广东省侨务委员会任科员。1955年担任中共兴隆华侨集体农庄党支部书记，1965年后历任中共兴隆华侨农场工厂党总支书记兼工交科科长，兴隆革命委员会副主任，兴隆华侨农场第五、六届副场长。主要抓兴隆华侨农场的工业工作，为谋求兴隆华侨农场的工农业发展殚精竭虑。

林放

林放（1921—2014） 福建古田人。7岁随亲到南洋马来亚怡保实兆远县，10多岁就开始为橡胶园主当割胶工谋生。1936年到泰国洛坤当割胶工人，1939年参加进步工会和组织进步图书馆及宣传抗日工作，组织罢工，于1942年在泰国合艾市加入进步组织，1944年奉命在泰国那汶坤任地下党支部书记，后任泰国南部中段侨党地委委员、专员和特支书记、侨党南线执行候补委员。1948—1949年，在合艾市南线地委任组织委员。1950年回国，在北京中侨委生产救济司归侨科工作。1958年到兴隆华侨农场，历任工管区党总支副书记，砖瓦厂主任，第二、第六管区副主任等职务。1978年，调任兴隆中学任副校长，组织教师员工学习国家教育方针和国家教委的有关决定，提高全体教师对教育事业在社会主义现代化建设中的战略地位的认识，树立为教育事业奋斗的责任感和使命感。2005年，荣获国家颁发“纪念中国人民抗日战争胜利 60 周年纪念章”。

张小兀

张小兀（1921—2001） 又名张光裕，曾用名张光，海南琼山（今海口市琼山区）人，泰国归侨。17 岁到泰国当劳工，参加中共领导的地下活动，1942 年加入中国共产党。1957 年回国在中央侨务委员会工作。1958 年到兴隆华侨农场工作，先后担任兴隆华侨农场第三、第四、第八管区党总支书记，保卫科长，农场公安分局局长兼兴隆温泉招待所所长，为维护兴隆华侨农场的治安稳定做出贡献，也为党和国家领导人与外国政要及名流等到兴隆考察、参观做好保卫工作。1982 年，担任兴隆华侨农场侨联主席，积极组织和引导归侨、侨眷学习党的各项侨务政策，提高政治思想觉悟，广交朋友，多做工作，几十年来为兴隆华侨农场的建设贡献自己的力量。

卢业富（1922—2014） 海南琼海人。1941 年 7 月参加琼崖抗日独立队，在参加琼山大水反顽之战和竹路桥伏击战中荣立三等功。1943 年加入中国共产党。1944 年，在琼崖纵队挺进支队第 1 大队第 3 中队任副排长。1945 年，在中国人民解放军琼崖纵队挺进支队第 1 大队第 3 中队任排长。1947 年，在琼崖纵队司令部警卫连担任排长。1950 年，在海南军区独立 27 团炮兵连任连长。1951 年，在独立 27 团炮兵营任副营长。此后任儋县、琼海等县人民武装部科长。1963 年，被国防部授予少校军衔，并批准为正营级别。1963 年转业到兴隆华侨农场工作，历任第三管区主任、农场工作组组长、第七管区领导小组组长、第三管区主任等职务。在几十年的工作岗位上，默默地为兴隆华侨农场的建设与发展贡献力量。

章沙红

章沙红（1925—2012） 笔名啸宇，马来亚归侨。出生于前英属北婆罗洲亚庇市（今马来西亚沙捞越），祖籍福建省龙岩县。20 世纪 40 年代先后就读于山打根和亚庇中华学校，1946 年参加“新加坡后觉公学世界语函授班”学习。中华人民共和国成立后，放弃海外优越的家庭生活，于 1950 年回祖国，起初被安排在广州民主改革工作队工作，后来到兴隆华侨农场参加建设。1953 年，任古村区咖啡队队长，参加种植过咖啡、可可、胡椒等热带作物。1955 年，任青年突击队指导员、第七管区主任。1956 年，担任兴隆业余文工团团长，多以农场现实生活为题材，创作相声、快板、独幕、歌剧、诗朗诵等文艺作品，丰富了农场的文化娱乐生活，深受广大干部和职工群众的喜爱。1959 年，《太阳河之歌》《春天来到太阳河畔》等节目在广东省农垦系统职工文艺会演中获优秀奖。1978 年，调任农场办公室副主任。1981 年，任政协万宁县第二届副主席。1982 年，调任中国致公党广东省委员会办公室秘书长。一生笔耕不止，曾用世界语写诗歌，翻译艾青的短诗并发表在广东省世界语协会的刊物上。出版散文集《太阳河之歌》。

张国良（1926—1993） 海南万宁人。1943 年参加琼崖纵队，在第 3 支队第 1 大队当战士，1944 年任第 1 中队通讯员，1945 年，任琼崖纵队闽江支队第 1 大队第 1 中队副班长、政治服务员，1948 年在琼纵司令部军政学校学习，同年至 1949 年任司令部司书、警卫营 2 连副指导员，曾在琼东、陵水、定安等县参加多次战斗并立战功。1950 年到华南军区青干训练班学习，此后历任海南军区第 43 军后勤部监营 2 连指导员、海南军区营建第 4 分处第 18 大队第 1 中队副中队长、第 2 连指导员、某指挥部军械 3 分库指导员。1954 年，调到海南干部文化补习学校学习。1955 年从部队转业到兴隆华侨集体农庄，先后任农场人事科副科长，保卫科副科长、科长，兴隆人民公社政治部副部长，兴隆华侨农场联合厂党总支书记、组织科科长，第四管区党总支书记，农场落实政策负责人，中共兴隆华侨农场纪律检查委员会副书记等职。在平凡的岗位上兢兢业业，为兴隆华侨农场的建设与发展做出一定的贡献。

王义其（1926—2003） 广东普宁人。1945 年在汕头市律怀中学读书，1946 年参加中国共产党，在校担任汕头市中学中共地下党组织负责人。1949 年高中毕业，作为共产党游击队领导人之一接管汕头市党组织工作。曾任土改工作队队长、中共汕头市委宣传部部长、汕头市工业专科学校校长等职。1965 年 7 月，被中侨委借调到兴隆领导筹建海南兴隆华侨农学院，后继任农学院负责人，带领广大师生自己动手，自力更生，加快了建校步伐，为兴隆华侨农场培养人才做出贡献。1971 年，任兴隆农场中学校长。1975 年，任兴隆华侨农场副场长。1976 年，调任广东省农垦局干部进修学校副校长。

王义其

李觉（1926—1991） 广东湛江人。东江纵队老战士。抗日战争时期参加工作，在

李党

东江纵队任职，中华人民共和国成立后在英德县劳改农场当负责人。1959 年转到兴隆华侨农场工作，历任第三、四、七管区党支部书记。1967 年后历任兴隆革命委员会副主任、中共兴隆华侨农场党委副书记、国营兴隆华侨农场第 5 任副场长。1982 年，任兴隆华侨农场副场长兼沉香湾水库副总指挥，协助场长兼总指挥李步海工作，亲自坐镇工地指挥会战沉香湾水库主坝工程，抓好抓紧工程质量，较好地完成了任务。为兴隆华侨农场做出了突出的贡献。

杨少春

杨少春（1926—2013） 山东无棣人。1945 年参加八路军，1946 年加入共产党。历任排长、指导员、宣传股长、政工科副科长；广州军区生产建设兵团时期任 2 师政治部教育科科长、2 师 4 团副政委、兴隆华侨农场副场长等职务。在担任兴隆华侨农场副场长期间，杨少春主管文化、教育、卫生等工作。正值“文化大革命”结束，处于“拨乱反正、正本清源”的阶段，他带领农场教育科的同志到全场各个中小学校做深入细致的调查研究，并及时指导工作，还重视师生的思想教育及教师的业务培训以及学校设点布局和人员配置，使农场的教育工作向良好方面发展。2005 年，荣获国家颁发“纪念中国人民抗日战争胜利 60 周年纪念章”。

杜考清

杜考清（1928—2005） 马来亚归侨，广东省丰顺县人。1942 年在马来亚麻坡参加抗日，任第 3 大队第 3 支队通讯员。1948 年，参加抗英斗争中被捕入狱，受尽折磨，后被驱逐出境。1951 年被安置在兴隆。历任兴隆人民公社第一生产队队长、第六管区主任、中共兴隆华侨农场党委组织科科长。1982—1989 年，任兴隆华侨农场工会主席、中共兴隆华侨农场党委副书记。他在工作中任劳任怨，勤勤恳恳，深受广大干部和职工的赞扬。曾荣获省、市、县授予的“先进工作者”“劳动模范”和“优秀侨务工作者”荣誉称号。2005 年，荣获国家颁发的“纪念中国人民抗日战争胜利 60 周年纪念章”。

姜仕选（1942—1994） 山东垦利人。1945 年参加中国人民解放军，1946 年加入中国共产党，在第四野战军历任战士、排长、连长、营长等职务。随军南下参加解放海南岛战役，后转业到兴隆华侨农场工作。1963 年，担任兴隆华侨农场人民武装部部长，带领兴隆华侨民兵配合解放军围捕在万宁县境内偷渡登陆的特务，布置兴隆华侨民兵吴义庭、和立光、李文齐、杜德大等活捉了 2 名特务，受到上级的表彰。后任国营兴隆华侨农场工会主席，为争取和维护华侨职工的权益做出努力。

蒋金汉（1942—2016） 出生于印度尼西亚，父亲是驻印度尼西亚的荷兰军官，母亲是印度尼西亚人。日军攻占印度尼西亚，荷兰人撤离时其父母将他送给福建人蒋安生夫妇抚养，取名蒋金汉。1961 年印度尼西亚掀起排华浪潮，他自愿回到中国，被安置到兴隆华侨农场。曾当过厨子、汽车司机和拖拉机司机，继入热带作物植物园协助治安工作。1985 年，调入兴隆公安分局任巡逻队队长。1995 年 6 月，被中华人民共和国公安部授予“全国保卫系统先进个人”光荣称号，荣立三等功，赴京参加全国公安保卫战线立功集体、英雄模范表彰大会，受到党和国家领导人江泽民、李鹏、乔石等接见。翌年加入中国共产党。1999 年，受国侨办邀请作为海南省归侨、公安系统唯一代表，赴京参加了中华人民共和国成立 50 周年典礼。之后，他连年被市公安局评为“公安系统先进个人”，并荣获“十佳民警”的光荣称号，被海南省公安厅授予三等功，还被中华人民共和国公安部授予“保卫系统先进个人”荣誉称号。2000 年，中华人民共和国国务院授予其“全国劳动模范”荣誉称号。

蒋金汉

刘运兴（1946—2009） 广东揭西人，在马来亚吡叻（霹雳）州出生。1955 年回国安置到兴隆华侨农场。1965 年，任兴隆华侨农场业余游泳班游泳教练员，克服各种困难坚持训练，并取得显著的成绩，为国家队、广东省队、海南省体育学校、解放军体育队等输送运动员 52 人。先后被评为“华侨农场先进工作者”“精神文明建设活动积极分子”。1978 年，被广东省体委授予“业余体校优秀教练员”称号，继而被国家体委评为“先进工作者体育新星”。1989 年，被国务院侨务办、中华全国侨联授予“全国优秀归侨、侨眷知识分子”称号。1994 年 6 月，获全国侨联授予的“先进工作者”称号。1995 年，获海南省文体厅授予的“先进游泳

刘运兴

教练员”和省体育局授予的“先进教练员”称号。1998 年 6 月，荣获中华全国总工会授予的“全国职工体育先进个人”称号等多项荣誉。从 1990 年起，他连任海南省第一、二、三届政协委员。40 年来，他把自己的青春乃至毕生精力都献给了兴隆华侨农场与祖国的体育事业。

王福标（？—1963） 黎族，海南万宁人。曾参加中国人民解放军，退伍后任民兵连长。1963 年，4 名特务分别在万宁境内石梅湾和南燕湾登陆，海南军区派出解放军和一个民警协同围剿。其中，2 名特务被兴隆华侨民兵活捉，另 2 名特务则窜到兴隆第六管区。他闻讯赶到第六管区，发现敌情，后被特务开枪击中牺牲，被追认为“革命烈士”。

兴隆先进人物一览表

表 13

姓名	籍贯	出生年份	职务	获得荣誉
萧　英	马来亚归侨	1914	兴隆华侨农场第四作业区主任	1953 年 10 月，被评选为广东省“先进劳动工作者”，又被兴隆华侨农场评为“十佳劳动模范”
陈　水	马来亚归侨	1919	兴隆华侨农场生产队长	1962 年，被评为“广东省先进工作者”，又被农场评为“十佳劳动模范”
李步海	天津	1925	兴隆华侨农场党委书记兼场长	1986 年，被评为“全国优秀经营管理者”，荣获全国“五一劳动奖章”；1991 年，被评为“海南省优秀党务工作者”
刘桂康	马来亚归侨	1925	兴隆华侨农场学校校长	1993 年，被评为“海南省先进教师”；1994 年，被评为“海南省优秀共产党员”
彭耘盛	广东揭西	1925	兴隆华侨农场教育科副科长	1995 年，被海南省侨务办评为“先进工作者”；1996 年，被评为“全国侨联热心侨务工作者”
叶　娇	马来亚归侨	1931	兴隆华侨农场第六管区第 44 队队长	1964 年，连续被评为“农场先进生产者”“万宁县先进生产者”“海南先进生产者”“广东省先进生产者”
韦润荣	泰国归侨	1931	兴隆华侨农场第二中学校长	1989 年，被评为“全国先进教师”“海南省优秀共产党员”
戴利市	马来亚归侨	1936	兴隆华侨农场农业科高级农艺师	1984 年，获国务院侨办“全国华侨企业科技先进工作者”称号；1994 年，获中国侨联“实现六五计划和十年规划贡献活动先进个人”称号，1994 年，获中华全国联合会“爱国奉献奖”
陈宇锋	泰国归侨	1937	海南电大兴隆分校常务副校长	1989 年，被评为“海南省先进教育工作者”；1990 年，被评为“海南省侨务系统先进工作者”

续表 13

姓名	籍贯	出生年份	职务	获得荣誉
廖银桃	马来亚归侨	1942	兴隆三小教师	1989 年，被评为“海南省优秀教师”
莫秀萍	越南归侨	1943	广东省江门市蓬江区政协副主席	2006 年，被民盟广东省委评为“优秀盟务工作者”
郑文泰	印度尼西亚归侨	1945	兴隆热带花园总经理	2013 年 12 月，被评为“全国侨界杰出人物”
黄延花	印度尼西亚归侨	1945	兴隆华侨农场工会副主席	先后获评“海南军区积极分子”“广州军区积极分子”“三八红旗手”等称号；1983 年，获得中华全国总工会授予的“优秀工会积极分子”称号
黄顾华	印度尼西亚归侨	1946	兴隆华侨农场生产技术科技术员	1984 年，获得中华人民共和国国务院侨办“全国华侨企业科技先进工作者”荣誉称号；与华南热带作物学院合作科研项目“增产素配制和产胶效应的研究”科研成果，获得了中华人民共和国农业部 1994 年度部级科学技术进步二等奖
刘运兴	广东揭西	1946	兴隆华侨农场业余体校教练员	1989 年 12 月，被国务院侨办、中华全国侨联授予“全国优秀归侨、侨眷知识分子”称号；1994 年 6 月，获全国侨联授予的“先进工作者”称号；1995 年，获海南省文体厅授予的“先进游泳教练员”和省体育局授予的“先进教练员”称号；1998 年 6 月，荣获中华全国总工会授予的“全国职工体育先进个人”称号等荣誉
刘秀琼	马来亚归侨	1948	兴隆四小校长	1992 年，被评为“全国优秀归侨、侨眷知识分子”；1995 年，荣获海南省教育系统授予的“巾帼建功”标兵称号
陈雪梨	马来亚归侨	1948	兴隆小学副校长	1989 年，被评为“全国优秀教师”，由国家教育委员会、人事部、教育工会全国委员会授予奖章和证书；1990 年 6 月，被评为“海南省侨乡精神文明建设先进个人”；1993 年，被海南省教育厅评为海南省教育系统“巾帼建功”标兵，同年被海南省侨务工会委员会评为“先进妇女工作者”
杜燕生	广东汕头	1952	兴隆华侨农场侨联主席	2009 年，荣获中国侨联“全国侨联系统先进个人”荣誉称号；2007 年 8 月，被海南省侨联评为“侨联先进工作者”；2012 年，被海南省侨联评为“侨联系统先进工作者”
冯　炜	海南万宁	1964	兴隆华侨农场场长	2006 年，全国社区侨务工作先进个人；2005 年海南省防风救灾先进个人
梁森奎	广东梅县	1951	兴隆华侨农场党委书记、第六届中国侨联委员	2005 年，被评为“海南省防风救灾先进个人”“全国社区侨务工作先进个人”
刘秀琼	马来亚归侨	1948	兴隆华侨农场第四小学校长	1992 年，被评为“全国优秀归侨、侨眷知识分子”；1995 年，被海南省教育系统授予“巾帼建功”标兵称号

国际友人在兴隆

越南劳动党主席胡志明到访兴隆 1960年10月10日，越南劳动党中央主席胡志明到兴隆参观访问，受到中共万宁县委书记何如伟、兴隆华侨农场党委书记张奋和场长詹力之等人的热烈欢迎。

为了做好胡志明到胡椒园的参观工作，张奋和詹力之让越南归侨、兴隆华侨农场生产科科长叶保晓事先到胡椒园里做好准备。胡志明在何如伟、张奋、詹力之等的陪同下参观了场部北区的油棕园后，来到古村生产队道旁的胡椒园。叶保晓早已等候在胡椒园，看见张奋和詹力之等陪同胡志明向胡椒园走来，便向胡志明介绍了侨胞们胡椒种植和管理的经过。胡志明精通中文、法文等多国文字和语言。他用中国话与大家交谈了归侨在兴隆华侨农场的生活情况。

在兴隆参观访问期间，胡志明亲手送给何如伟一本《胡志明画册》，还赠送给兴隆华侨农场一本越南民主共和国成立15周年纪念册。

柬埔寨王国诺罗敦·西哈努克亲王到兴隆考察 1971年2月，柬埔寨诺罗敦·西

诺罗敦·西哈努克亲王（前中）到兴隆考察

哈努克亲王在全国人大常委会副委员长徐向前元帅等人的陪同下到兴隆华侨农场参观访问，随访的有夫人莫尼克公主等人。

西哈努克亲王一行在兴隆华侨农场参观访问期间，受到团部干部以及兵团战士和中小学生的热烈欢迎。

西哈努克亲王缓步进入团部接待室，听取广州军区生产建设兵团2师8团（即兴隆华侨农场）的情况介绍，尤其是兴隆华侨农场成立、发展以及当前的生产情况。随后，参观了兴隆的橡胶、胡椒、咖啡等经济作物。西哈努克亲王参观热带作物后，很高兴地对兴隆农场领导表示兴隆令他有一种宾至如归的感觉。

柬埔寨首相宾努亲王到兴隆参观访问 1971年，柬埔寨首相宾努亲王和夫人到兴隆参观访问。由广州军区生产建设兵团2师8团副团长张奋向其介绍兴隆华侨农场由700多名马来亚归国难侨组建集体农庄、发展到农场，继而转变为生产建设兵团的前后经过，以及兴隆生产建设情况之后，还参观了由归难侨所种植的经济作物。在参观过程中，宾努亲王一边听张奋介绍各种作物的管理和生产情况，一边提问，张奋详细地回答了首相的问题。在参观试验队的胡椒园时，宾努亲王与正在管理胡椒的工人握手，并询问工人有关胡椒管理的知识和技术问题，工人都一一做了回答。

越南祖国阵线中央委员会主席范世阅到访兴隆 2001年1月，越南祖国阵线委员会主席范世阅结束在北京的国事访问之后，在有关方面人员的陪同下，到海南兴隆华侨农场参观访问。兴隆华侨农场党委专职副书记梁奎森负责接待访问团，并带领访问团参观兴隆热带花园。范世阅主席一边观赏花园里的美丽景色，一边用流利而标准的中文跟大家聊天，参观完毕，访问团到兴隆热带花园咖啡厅品尝兴隆咖啡。范世阅主席喝

范世阅（右一）到访兴隆

了兴隆咖啡后，连声称赞兴隆的咖啡味道。

印度尼西亚驻广州总领事韩达礼到访兴隆 2004年7月29日，印度尼西亚驻广州总领事韩达礼一行六人到兴隆华侨农场参观访问。

兴隆华侨农场党委书记梁森奎、场长冯炜、副场长陈友及归侨、侨眷代表专程在兴隆温泉宾馆迎接。随后，在兴隆温泉宾馆会客厅里举行座谈会，冯炜首先代表兴隆华侨农场广大归侨、侨眷对韩达礼到访表示热烈欢迎，并向客人介绍了农场和归侨的工作、生活情况，希望通过韩达礼这次的访问，推进中印两国之间的交流与合作。韩达礼对印尼的传统习俗文化在兴隆华侨农场得到完好的保留，印尼归侨能和多个国家的归难侨胞和睦相处表示欣慰。他表示愿意为归侨子女学习印尼语、印尼民族舞蹈及乐器的培训提供帮助，为中印之间的交流与合作做出更大的努力。

同日下午，在冯炜、梁森奎和省外侨办副处长康拜英的陪同下，韩达礼一行参观访问了兴隆亚洲风情园和兴隆热带植物园。在亚洲风情园，韩达礼向工作人员仔细询问了经营和运作的情况，与印尼归侨亲切交谈，并兴致勃勃地和中外游客一起欣赏了由归侨们表演的一台精彩的东南亚风情和印尼风情舞蹈。常务领事沙哈特深情地演唱起印尼歌曲《星星索》，浓郁纯朴的印尼风情，赢得在场观众一阵阵热烈的掌声。节目最后，韩达礼总领事、夫人及沙哈特又走上舞台，和归侨艺人们同台跳起印尼舞蹈，把演出推向了高潮，演出大厅响着经久不息的掌声，归侨们精湛的演艺也给韩达礼一行留下了深刻的印象。

在参观兴隆热带植物园时，漫步在千姿百态、奇异繁茂的热带植物王国中，看到橡胶、咖啡、胡椒、可可、香草兰、红毛丹等熟悉的热带植物，韩达礼表示仿佛回到了家乡的土地。其后还品尝了由归侨精心制作的有印尼特色和海南特色的菜肴及印尼风味的糕点、小吃等，富有特色的饮食文化赢得高度赞赏。

夜幕降临，兴隆热带花园新落成的海南厅露天剧场披上节日的盛装，韩达礼与归侨一起联欢。韩达礼发表了讲话，他说踏上兴隆这片土地，感觉就像回到家乡。归侨的生活习惯、饮食习惯以及语言，归侨们的舞蹈表演，都令其深深地感动，是促进中印两国的文化交流甚至是经济交流的最好见证。访问结束之际，韩达礼还为兴隆华侨农场全体归侨题词。

印度尼西亚驻广州常务领事沙哈特到访兴隆 2004年8月13—15日，印度尼西亚驻广州总领事馆沙哈特常务领事受广州总领事馆和韩达礼总领事的委托，带着印尼人民的深情厚谊，到海南兴隆华侨农场访问。他代表印尼驻广州总领事馆向兴隆华侨农场赠送传统印尼竹制乐器，并进行乐器的演奏培训和指导，让兴隆的归侨、侨眷对印尼传统文化有更深的了解，进一步促进同印尼人民的友好交往和友谊，受到农场归侨、侨眷的热烈欢迎。海南省外事侨务办公室国内侨务处副处长吴开进和林庚到兴隆，与中共兴隆华侨农场党委书记梁森奎一起迎接沙哈特。

8 月 14 日上午，在兴隆华侨农场工会会议厅举行了印度尼西亚驻广州总领事馆向中国海南兴隆华侨农场赠送传统印尼竹制乐器仪式。赠送仪式结束后，开始传统印尼竹制乐器昂格隆（译音）演奏培训班的培训，沙哈特认真讲授指导，手把手教学员们拿乐器的正确姿势及乐器操作发音的技巧。从单个的音节到连贯合成整首曲子，沙哈特娴熟的技艺和风趣幽默的指挥，博得学员们阵阵掌声。学员们认真学习的精神也赢得沙哈特一次次的表扬。在沙哈特精心指点下，学员们逐步掌握了乐器操作技巧，《索罗河》《月亮代表我的心》等一首首乐曲从昂格隆中飘出，回荡在整个大厅。培训结束时，沙哈特和学员们合影留念。

密克罗尼西亚联邦总统约瑟夫·乌鲁塞马尔到兴隆参观访问　2006 年 4 月 22 日，密克罗尼西亚联邦总统约瑟夫·乌鲁塞马尔出席博鳌亚洲论坛会议前，专程到兴隆华侨农场参观访问。约瑟夫·乌鲁塞马尔在中国驻密大使杨强陪同下，抵达兴隆热带花园，万宁市长邓泽永、副市长符彩香、场长冯炜和兴隆热带花园总经理郑文泰等人迎接，约瑟夫·乌鲁塞马尔笑容可掬地与前来迎接的同志一一握手。

欢迎仪式在兴隆热带花园的咖啡厅里举行。杨强对双方身份作了介绍后，市长邓泽永致欢迎辞，并介绍了万宁市的基本情况。冯炜向约瑟夫·乌鲁塞马尔介绍兴隆华侨农场创业的经历以及改革开放后情况。约瑟夫·乌鲁塞马尔总统在致答谢辞时对兴隆的热情接待表示感谢，同时感谢中国对该国访问和投资建设。他讲话时缓慢沉稳，还特别对桌上的南洋风味精美糕点欣赏有加。随后，约瑟夫·乌鲁塞马尔总统还在园区内植下一棵青梅树并对园内美丽的景致赞不绝口。

异域风情

大事纪略

兴隆的发展，始终与新中国的建立与发展、海南的发展、万宁的发展紧密联系在一起。随着中国改革开放和海南建省办经济特区、建设国际旅游岛，兴隆华侨旅游经济区跨入了新的历史时期、新的发展阶段。

1915 年琼崖讨袁护国军攻打万州

1914 年，海南掀起声势浩大的讨袁（世凯）驱龙（济光）运动。1915 年，琼崖讨袁护国军总司令陈侠农率兵南下至兴隆附近，说服兴隆抚黎局钟启桢、钟孟君兄弟支持孙中山领导的民主革命。钟氏发动礼纪、兴隆、牛漏一带黎汉民众 4000 多人，配合琼崖讨袁护国军攻打万宁县城，使琼崖讨袁护国军的军事力量迅速壮大，成为海南讨袁驱龙斗争运动中重要的军事力量。

兴隆抗战

抗日战争时期，兴隆民众积极抵抗日军。1939 年 7 月，侵占陵水县的日军海军陆战队大举进攻牛岭，窥探兴隆，万陵督导处主任兼万宁县县长梁秉枢指挥国民党万宁县游击队中队陆天祥部抗击，打响了万宁境内抗战第一枪。同月，侵占兴隆的部分日军到乌石姆村抢劫，国民党万宁县游击队一部在乌石姆附近伏击，毙伤多名日军。1943 年 9 月下旬，广东省琼崖抗日游击队独立总队参谋长李振亚率领琼崖抗日军政干部学校的几个排级学员和独立第九中队短枪班战士，在长礼乡四封坡村党支部书记黄明秀等的协助下，化装成送粮食的“顺民”，由七甲乡民众救国委员会委员、九甲乡（兴隆）民众救国委员会主任为向导，袭击驻兴隆碉堡的日军一个小队，拔掉了日军据点，缴获轻型机关枪 1 挺，三八式步枪 7 支，子弹 400 多发，并炸毁 1 门迫击炮筒。此后，兴隆人继续顽强抗战，为抗日战争的胜利做出了努力与贡献。

1951 年马来亚归难侨落户兴隆

1951 年 10 月 12 日，第一批共 756 名马来亚归难侨同胞从广州出发，在难侨处干部张佩学、吴坤溪、陈文科及难侨处海南分处干部陈家廉、陈家让的带领下抵达兴隆。归难侨自食其力，割草、砍木料，与本地群众协力盖房。在第一批归难侨中，有的人曾参加马来亚共产党组织，有的人曾参加过抗日、抗英武装斗争，还有的人曾为抗日、抗英斗争捐款出力。

1952 年建设第一座钢筋水泥大桥

合口桥建于 1952 年，桥面长约 50 米，宽约 6.5 米。桥面两侧各有 34 个护栏墩，穿插着两层用钢管做的栏杆，上层离桥面约 1 米。桥高约 10 米，由 4 个桥墩支撑桥面。在连接桥面的河岸约 10 米的地方，用石头砌成约 75 度斜坡的护栏墙。合口桥是太阳河上第一座钢筋水泥大桥，位于兴隆境内，横跨于蜿蜒逶迤的太阳河上，距海口市约 180 千米，离三亚市约 106 千米，是归国侨胞们心中一道亮丽的风景线。

拍摄《南海明珠》与《红色娘子军》

兴隆华侨农场从1951年建场起至1956年，生产突飞猛进，经济收入直线上升，场员的生活有了极大的改善。农场逐渐出名后，作家、艺术家、记者、诗人纷至沓来，在农场创作、采访。1956年秋，广州珠江电影制片厂派出1个摄制组到达兴隆。山林里开荒、打胶洞、割香茅草的场景，咖啡园里白色的咖啡花、红红绿绿的咖啡豆，胡椒园里青红相杂的胡椒以及农场归侨场员的文化生活等，都被一一摄入镜头，拍摄成大型纪录片《南海明珠》。1960年，著名导演谢晋和上海电影制片厂拍摄电影《红色娘子军》。兴隆华侨农场应谢晋导演的请求，派出20名归侨女青年扮演娘子军战士参与拍摄党代表洪常青英勇就义的场景。随后,《红色娘子军》在全国一炮走红，兴隆华侨农场的声名也随之远播海内外。

1992年设立兴隆华侨旅游城

1992年2月23日，海南省政府批准设立兴隆华侨旅游城，规划面积30平方千米。此后，农场严格执行旅游城整体规划，先后投资2.9亿元进行“三通一平”和排水沟、排污沟及绿化等基础建设。利用兴隆丰富的地热矿泉资源，先后建起几十家度假宾馆、酒店，更有热带植物园、热带花园、东南亚风情村等颇具东南亚风情的旅游项目，吸引国内外游客。

2004 年兴隆入选《侨乡新貌》系列邮票

2004 年，国家邮政局发行《侨乡新貌》系列邮票，共 4 枚。兴隆从全国 84 个华侨农场中脱颖而出，第一次被选入誉为“国家名片”的邮票系列。在邮票的设计上，作者以夸张而又简约的艺术手法，高度概括了兴隆华侨农场种植的各类热带植物，色彩简洁明快，生动活泼。画面上，香蕉挂满果实，可可树硕果累累，各类热带花卉争奇斗艳。背景是婆娑起舞的龙血树、挺拔的椰子树和亭亭玉立的槟榔树。方寸之间，突出了地域特色，充分地展示出被誉为“植物王国”的兴隆风采。

《侨乡新貌》系列邮票

2004 年世界小姐在兴隆

2004 年，第 54 届世界小姐总决赛在三亚举行。应万宁市政府的邀请，11 月 21 日，109 位来自世界各地的参赛小姐来到兴隆，参加万宁市在兴隆华侨经济旅游区举办的世界小姐万宁行暨万宁国际文灯节活动。活动分花园游览、文灯放飞、温泉康乐、美食品

世界小姐在兴隆（2004 年）

尝 4 个部分，向世界小姐充分地展示了兴隆的特色。

2008 年奥运祥云火炬在兴隆传递

2008 年 5 月 5 日，奥运祥云火炬传递至万宁市，兴隆华侨农场成为奥运火炬在万宁市内传递的起点。万宁市境内的第一位火炬手是兴隆热带花园董事长郑文泰。郑文泰自豪地高举祥云奥运火炬，身旁簇拥着欢送火炬的归侨，他们像过节一样，身着东南亚民族服装，弹奏着东南亚民族乐器，充分展示着兴隆侨乡的异域风情。

2008 年北京奥运会火炬手——归侨代表郑文泰

2011 年第十二届中国海南欢乐节在兴隆举行

2011 年 12 月 28—31 日，第十二届中国海南岛欢乐节在兴隆华侨旅游经济区举行。从 2010 年 7 月开始，欢乐节筹备工作就已启动。按照“办好一个活动、留下一份产业、带动一方发展”的目标，投入 8.5 亿元，以兴隆为重点，对旅游服务硬件设施和软件环境进行了全面整治、改造和提升，努力打造一个全新的兴隆。此届欢乐节的主题是“让世界温暖起来”，为突出“温泉、侨乡、咖啡、槟榔、美食、高尔夫、冲浪”七大文化元素，策划实施了兴隆华侨农场建场60周年场庆、槟榔文化产业讨论、欢乐嘉年华、首届东山岭鉴真文化节等系列主题活动。在欢乐节活动现场，可以感受到兴隆侨乡文化、咖啡文化、温泉文化、美食文化、槟榔文化、热带植物文化和蓝色海洋文化等主题文化元素的魅力，再加上浓郁的东南亚民族风情，让兴隆显得更加靓丽迷人，充满活力。

2012年中非合作圆桌会议永久会址落户兴隆

2012年11月28日，中非合作圆桌会议永久会址纪念碑落户万宁兴隆热带花园，参加本次中非论坛的中非双方官员代表齐聚万宁兴隆热带花园，为纪念碑揭幕，并种下中非友谊林。

中非合作圆桌会议永久会址纪念碑

兴隆街景

附录

国家林业局关于准予设立兴隆侨乡国家级森林公园的行政许可决定

林场许准〔2013〕2052号

万宁市兴隆华侨旅游经济区管理委员会：

你单位提出设立兴隆侨乡国家级森林公园的申请收悉。经对材料审查、实地考察和专家评审，并经我局审定，认为兴隆侨乡的风景资源质量等级达到一级标准，森林风景资源权属清楚，管理机构健全且符合全国森林公园建设发展规划，具备设立国家级森林公园的条件。根据《国家级森林公园设立、撤销、合并、改变经营范围或者变更隶属关系审批管理办法》的有关规定，现决定如下：

一、准予设立兴隆侨乡国家级森林公园，定名为“海南兴隆侨乡国家森林公园”。

二、经营面积：2815.31公顷。

三、行政区域位置：海南省万宁市。

四、地理坐标和四界范围。

（一）凤凰岭片区，面积2565.22公顷。地理坐标：北纬18° 43′ 43″ ~ 18° 49′ 18″，东经110° 04′ 41″ ~ 110° 11′ 32″。四界范围：万宁市兴隆华侨农场自来水厂（沿车行道向南至）斩狗（沿车行道向南，经兴隆华侨农场22队至）农场21队队部（沿车行道向南至）水稻队队部（沿车行道向南至）中国医学科学院药用热带植物研究所（沿药用植物研究所西侧围墙向南至）三渡河兴隆农场场界（沿太阳河向西，经农场畜牧队、18队、16队、电站队至）15队队部（沿15队和11队队界向西北至）14队队部（沿14队队部北侧山坳向北，经车行道至）12队队部（沿车行道向北至）三合水水库大坝西侧海拔105米高程点（沿9队队界向西至）长岭（沿车行道向北至）9队队部（沿溪流向西至）

5 队队部（沿溪流向北至）6 队队部（沿人工渠向西至）2 队队部（沿太阳河东岸向南至）2 队太阳河与兴隆农场场界交叉点（沿兴隆农场与南林农场场界，经海拔 207.5 米、海拔 385.7 米、海拔 343.3 米、海拔 309.5 米高程点向北至）海拔 317.5 米山头（沿兴隆农场与琼中县长兴乡界向东北至）沉香湾水库南海拔 158.6 米高程点（沿沉香湾水库向西至）兴隆农场与琼中县长兴乡交界（沿沉香湾水库向东至）兴隆农场与琼中县长兴乡交界（沿沉香湾水库向东至）沉香湾水库北海拔 161.5 米高程点（沿兴隆农场与琼中长兴乡界，经海拔 265.5 米、海拔 369.9 米、海拔 360 米山头向北至）大东岭（沿兴隆农场与琼中长兴乡界，经海拔 421.7 米山头向北至）鹿市岭（沿兴隆农场与琼中县长兴乡界，经海拔 472.1 米、海拔 433.3 米、海拔 420.5 米、海拔 429.4 米、海拔 420.3 米、海拔 412.1 米和 412.8 米山头向东至）上溪自然保护区界（沿上溪自然保护区界向南，经兴隆农场 8 队队部、7 队队部、深水岭、劈叉山至）兴隆华侨农场自来水厂。

（二）热带花园片区，面积 250.09 公顷。地理坐标：北纬 18° 41′ 10″ ~ 18° 42′ 07″，东经 110° 12′ 55″ ~ 110° 13′ 57″ 。四界范围：热带花园景区主入口转盘（沿车行道向南至）兴隆农场 56 队队部（沿山坳向西至）南旺水库南侧溪流（沿山坳向西南至）海拔 149.4 米山头（沿山腰海拔 95 米等高线向西北至）兴隆农场场界（沿山坳向东北至）南旺水库北侧车行道（沿车行道向东北至）茄冬头（沿车行道向东南至）茄冬头南侧塘坝（沿山脊向东南至）热带花园景区售票处北侧海拔 90 米山腰（沿山腰海拔 90 米等高线向东南至）热带花园景区主入口车行道（沿车行道向西南至）热带花园景区主入口转盘。

五、期限：长期。

你单位应采取有效方式，对本行政许可决定的内容进行公示，以便兴隆侨乡国家级森林公园设立的所有利害关系人知悉，并尽快按批复的面积和范围完成对兴隆侨乡国家级森林公园的标界立桩。同时，你单位自收到本决定之日起 18 个月内，须按批复的面积和范围编制完成森林公园总体规划，经海南省林业厅组织专家评审并审核后报国家林业局批准。森林公园总体规划批准前，不得在森林公园内新建永久性建筑、构筑物等人工设施。森林公园建设和森林风景资源的保护利用，应严格依照森林公园总体规划和相关法规进行。每年 12 月 31 日前，你单位须向海南省林业厅报送本年度森林风景资源保护利用情况的工作总结。

2013 年 10 月 15 日

关于批准对兴隆咖啡实施地理标志产品保护的公告

根据《地理标志产品保护规定》，国家质检总局组织了对兴隆咖啡地理标志产品保护申请的审查。经审查合格，现批准自即日起对兴隆咖啡实施地理标志产品保护。

一、保护范围

兴隆咖啡地理标志产品保护范围以海南省万宁市人民政府《关于界定兴隆咖啡地理标志产品保护范围的函》（万府函〔2005〕43号）提出的范围为准，为海南省万宁市以兴隆华侨农场为中心及其周边的南桥镇、长丰镇、牛漏镇、三更罗镇、礼纪镇现辖行政区域。

二、质量技术要求

（一）种源。中粒种咖啡（Coffea Canephora Pierre）。

（二）立地条件。海拔900米以下，湿润、荫蔽的森林河谷地带，咖啡园须建防风林。pH值4.5至6.5之间，土壤的水解氮、速效磷、速效钾、有机质含量分别高于60mg/kg、15mg/kg、80mg/kg、25g/kg；并以水源方便、排水良好的红壤土及黄壤土为佳，其次为沙壤土和冲积土。

（三）栽培技术。

1. 育苗：从生长健壮的母树上选取枝条进行无性繁殖。

2. 定植时间：定植时间为每年的春季或秋季。

3. 栽植密度：每公顷栽植株数密度≥1500株。

4. 施肥：以有机肥为主，配合施用无机肥，每公顷每年施用有机肥不低于10吨。

5. 整形修剪：采用多冠型树型进行整形，保持通风透光。

6. 采收：果实变红后开始分批采收，禁止采青。

7. 环境、安全要求：农药、化肥等的使用必须符合国家的相关规定，不得污染环境。

（四）加工工艺。

1. 原料加工：晒干→脱皮→筛选→包装→自然存放 1 年。

2. 产品加工：咖啡原料清理→焙炒→添加配料→焙炒→咖啡豆→包装→立即风冷→研磨→咖啡粉→包装。

（五）质量特色。

1. 咖啡豆：

（1）感官特色：深褐色或棕褐色，颗粒饱满、均匀、完整，具有该产品特有的咖啡香味、无异味，无肉眼可见的杂质。

（2）理化指标：水分≤ 5.0%、咖啡因≥ 0.85%。

2. 咖啡粉：

（1）感官特色：深褐色或棕褐色、色泽均匀一致，粉状无结块现象，具有该产品特有的咖啡香味、无异味，无肉眼可见的杂质。

（2）理化指标：水分≤ 5.0%、灰分≤ 5.0%、咖啡因≥ 0.85%。

3. 安全要求：产品安全指标必须达到国家对同类产品的相关规定。

三、专用标志使用

兴隆咖啡地理标志产品保护范围内的生产者，可向海南出入境检验检疫局提出使用“地理标志产品专用标志”的申请，由国家质检总局公告批准。

自本公告发布之日起，各地质检部门开始对兴隆咖啡实施地理标志产品保护措施。

特此公告。

2007 年 12 月 26 日

万宁兴隆咖啡产业发展实施方案

（2016 年 4 月 21 日，十四届万宁市政府第九十三次常务会议审议通过）

2016 年是“十三五”的开局之年，为振兴兴隆咖啡产业，以科技推动兴隆咖啡产业发展，提升兴隆咖啡品牌价值，做精做细兴隆咖啡，根据《兴隆咖啡产业发展规划》，结合工作实际，制定本方案。

一、工作目标

以种植推广工作为重点，兴隆咖啡质量认证为中心，以科研合作项目为载体，品牌保护和打造为抓手，为兴隆咖啡产业的振兴开好局起好步。2016 年计划推广咖啡种植面积 5000 亩；制定质量认证标准，开展兴隆咖啡原产地保护；制定适用于企业、农民专业合作社和农户的栽培技术标准，确保咖啡原豆规范种植；培育龙头企业、打造咖啡庄园；加大兴隆咖啡“三情”文化内涵、“五原”特性宣传。

二、工作任务及责任分工

（一）科研及技术培训。

1. 建设兴隆优良咖啡种源保存圃。

在香饮所建设兴隆优良咖啡种源保存圃 10 亩，保存品种容量 50 个，为兴隆咖啡优良品种增殖圃建设提供优质芽片 3 万个。按种源保存圃标准化建设完善水肥一体化管网等基础设施，通过改良土壤，加强水肥管理，整形修剪，促进植株长势健壮。对已有种质进行品质鉴定评价，为优良品种选育推广提供基础。（兴隆咖啡研究院负责，12 月底前完成）

（1）2016 年 1—4 月，已有保存圃及新保存圃水肥一体化管网安装和完善，完成新建保存圃实生砧木定植。

（2）2016 年 1—6 月，完成已有种源保存圃土壤改良，并进行保存圃日常维护管理。

（3）2016 年 5—9 月，完成 20 余份资源品质鉴定，保存圃日常维护管理。

（4）2016 年 10—12 月，完成新保存圃 15 个优良咖啡品种共计 300 株芽接，并对已有保存圃进行补接。

2. 制定兴隆咖啡“五原”特性检测标准。

根据国家质检总局《关于批准对兴隆咖啡实施地理标志产品保护的公告》认定的兴隆咖啡的种源、立地条件、栽培技术、加工工艺、感官特色、理化指标等特性，执行统一的地理标志产品保护标准。采用气相色谱 - 质谱联用（GC-MS）、液相色谱 - 质谱联用（HPLC-MS）、电子感官技术等手段采集兴隆五原咖啡的香气、酚类化合物及电子感观指纹图谱数据，结合指纹图谱技术和化学计量学等方法构建五原咖啡的特征风味指纹图谱库及电子感官风味表达谱，制定兴隆咖啡“原产地出豆、原野式生产、原方式烘焙、原配方调制、原口味谱系”的五原检测标准，为兴隆咖啡地理标志产品保护、证明商标使用和产品分级提供科学依据。（兴隆咖啡研究院负责，12 月底前完成）

（1）2016 年 1—3 月，不同地区（兴隆、澄迈、白沙、琼中）地区咖啡鲜果的采收、干燥及脱壳处理，得到生咖啡豆样 800 ~ 1000 个（具体个数根据实际情况确定）；

（2）2016 年 3—5 月，咖啡豆的烘焙处理，气质联用（GC-MS）对烘焙豆中香气物质的定性、定量测定，构建咖啡特征香气指纹图谱库；

（3）2016 年 5—7 月，液质联用（HPLC-MS）对烘焙豆中酚类化合物的定性、定量测定，构建咖啡酚类化合物指纹图谱库；

（4）2016 年 7—8 月，电子感官技术（电子鼻、电子舌）对烘焙豆中香气成分及滋味成分的分析，构建咖啡电子感官风味表达谱；

（5）2016 年 8—9 月，电感耦合等离子体质谱（ICP-MS）对烘焙豆中元素进行定性、定量测定，构建咖啡元素指纹图谱库；

（6）2016 年 9—10 月，所有数据的统计学分析，主要包括一元方差分析、模式识别技术及多元校正技术等，寻找兴隆咖啡的特征性风味成分、元素组成，建立兴隆咖啡香气成分、酚类化合物及元素为输入变量的判别模型，建立兴隆咖啡检测标准体系。

3. 技术推广及培训。

开展种苗繁育、芽接、修剪、施肥、复合栽培及病虫害防控技术推广培训；指导兴隆咖啡标准化种植示范园规划和建设。（兴隆咖啡研究院负责，12 月底前完成）

（1）2016 年 3—6 月，举办咖啡芽接培训班 3 期，培训芽接技术人员 30 人次。

（2）2016 年 1—5 月，完成催芽、移植、施肥管理等种苗繁育技术指导。

（3）2016 年 6—12 月，举办栽培技术培训班 3 期，培训种植户 300 人次。

（二）种植示范及推广

1. 建设种苗繁育基地。

扶持海南兴隆原产地有机咖啡有限公司 20 万元，用于建设育苗设施大棚、喷滴灌、炼苗区等基础配套设施，用于实生苗和嫁接苗、扦插苗繁育；由市农业局委托该公司在繁育优良种苗 50 万株用于 2016 年咖啡种植推广使用；验收并拨付 2015 年市科工信局组织繁育的咖啡种苗 60 万株。（市农业局负责，11 月底前完成）

2. 打造兴隆咖啡种植示范集群。

一是培育新型经营主体，扶持建设 3 个兴隆咖啡庄园，配套建设园区道路、水利、喷滴灌等基础配套设施，建设采摘、旅游观光、品尝、文化体验于一体的农业庄园，打造庄园咖啡品牌；二是扶持建设 1 家间作间种咖啡园，推广在槟榔园内间套种、病虫害综合防治等增产增效技术，配套水利、喷滴灌等基础配套设施，实现“一地双收”的高效模式；三是扶持建设 1 家纯咖啡园，配套建设园区道路、水利、喷滴灌等基础配套设施，打造标准化咖啡种植基地。（市农业局负责，12 月底前完成）

3. 建设兴隆咖啡示范园。

在兴隆咖啡公园建设 300 亩标准化种植示范园，配套建设园区道路、喷滴灌等基础设施及种源增殖圃，建成集成优良品种、标准化栽培技术示范和旅游观光为一体的示范园。（兴隆区管委会负责，12 月底前完成）

（三）产销扶持政策。

1. 种植推广。

（一）2016 年推广咖啡种植面积 5000 亩，由市农业局牵头，各镇政府及兴隆管委会配合，宣传发动种植户、农民专业合作社或种植企业到指定的育苗基地免费领取种苗，确保 12 月底前完成种植任务。

（1）补贴对象：2013—2016 年市振兴兴隆咖啡产业工作领导小组办公室安排种植至今尚未进行验收的咖啡种植园地（已领取定植补贴的园地不在此列）。

（2）补贴标准：按 1000 元 / 亩标准对种植户进行补贴，补贴一次性发放。

（3）验收工作：验收责任分工、程序、方法及工作要求按照万宁市工业和科技信息产业局、万宁市农业局联合印发的《万宁市兴隆咖啡种植第一阶段验收及 2015 年种植实施方案》(万工科信发〔2015〕86号)文件执行。

2. 发展“企业 + 农户”的订单农业。

扶持产销一体化的兴隆咖啡龙头企业，发展“企业 + 农户”的订单农业模式。由海南省万宁市兴隆华侨农场咖啡厂企业化改造后，作为市政府指定的龙头企业，与咖啡种植户签订产销协议，无偿为农户提供生产全过程的技术服务与指导，并以6元/斤保护价收购农户生产的兴隆咖啡鲜果，市场价格高于6元时则随行就市。市政府扶持100万元，用于企业发展。基于兴隆咖啡种植情况底数不清，各镇政府及兴隆管委会负责核实与登记各自行政区内兴隆咖啡的种植基地位置、面积、株数、产量、种植户等相关信息报送市农业局，市农业局汇总后组织种植户与兴隆华侨农场咖啡厂签署购销协议，9月底前完成。

(四)品牌打造及市场推广

1. 加强兴隆咖啡品牌保护。

万宁质监局、市工商局实行联合执法机制，对兴隆咖啡市场进行联合清理、整治，根据兴隆咖啡地理标志产品专用标志和地理标志产品证明商标的规范管理要求，集中力量严厉打击市场上侵犯假冒地理标志产品的违法行为，净化兴隆咖啡销售市场，保护兴隆咖啡品牌。万宁质监局牵头，市工商局配合，4月底前制定工作方案报市政府审定后实施。

2. 加快地理标志证明商标申报及管理。

加快推进地理标志证明商标申报工作，每月末向振兴兴隆咖啡领导小组办公室汇报申报工作进展情况，及时协调解决申报过程中的问题。制定“兴隆咖啡”地理标志证明商标使用管理方案，严格监管兴隆咖啡地理标志证明商标的使用，规范“兴隆咖啡”生产加工企业和营销市场。设计并制作统一的“兴隆咖啡”地理证明商标防伪标识及文字说明，形成统一的咖啡品牌。(万宁兴隆咖啡行业协会负责,8月底前完成)

3. 扶持龙头企业开拓市场。

扶持企业沿海南省旅游公路两侧开设3家集品尝、宣传、销售为一体的兴隆咖啡形象店，补贴20万元/店；扶持企业在淘宝、天猫、京东、亚马逊等国内较大的电商平台进行宣传、销售，扶持5万元/店。市商务局负责，4月底前制定扶持方案报市政府审定后实施。

4. 开展兴隆咖啡宣传。

以兴隆咖啡的“三情”和“五原特性”为核心，以咖啡研究院的检测数据为科学依据，深入挖掘兴隆咖啡的文化内涵和产品特性，通过电视、报纸杂志及网络等媒体，借助海南旅游市场的优势资源，结合旅游深度开发，大力宣传兴隆咖啡。（市委宣传部牵头，兴隆管委会、兴隆咖啡研究院配合，12 月底前完成）

（五）建设兴隆咖啡公园

建设以咖啡文化为主题的休闲公园，打造未来兴隆咖啡文化的地标。已编制《万宁兴隆咖啡文化园概念规划优化设计及控规建议指标》（以下简称《规划》），2016 年 3 月，《规划》通过市规划建设委员会审议，兴隆咖啡文化园规划面积 1222.65 亩，其中规划建设用地 296.15 亩（含原有建设用地 120.94 亩）。根据《海南万宁兴隆咖啡文化园投资建设运营招标方案》要求，由市城投公司、市招商局负责项目的招商开发建设工作。

三、有关要求

（一）强化责任落实。切实加强责任意识，各责任单位主要负责人作为第一责任人，将工作层层分解细化到分管领导和具体负责人，切实抓好工作落实，根据实施方案要求，结合工作实际，认真研究制定实施方案，报市政府审定后按时间节点要求有序推进各项工作。

（二）经费保障。根据各项工作实际情况，经测算，2016 年兴隆咖啡产业发展经费为 2050 万元（详情见附件），项目及工作经费根据实际预算核拨，资金从 2016 年咖啡产业扶持资金中安排。

（三）加强项目督察。建立督察工作机制，由市政府督察室每个季度督察一次，客观、公正反映兴隆咖啡产业发展工作成效，掌握合作项目的进展情况及存在问题，及时跟进、指导整改、协调解决存在问题、督促落实，形成督察报告，报市咖啡产业领导小组。

主要参考文献

万宁县地方志编纂委员会编:《万宁县志》，南海出版公司，1994 年。

〔清〕李琰纂修，陈智勇点校:《康熙万州志》，海南出版社，2004 年。

〔清〕胡端书总修，杨士锦、吴鸣清纂，王若点校:《道光万州志》，海南出版社，2004 年。

朱华友编著:《海南华侨农场》，海南出版社、南方出版社，2008 年。

鞠海龙著:《海南侨务工作概论》，海南出版社、南方出版社，2008 年。

刘阳著:《海南华侨文化》，南方出版社、海南出版社，2008 年。

陈文、李亚琼汇编:《海南特产与饮食文化》，南方出版社，2010 年。

政协万宁市委员会编辑，吴淑香、冯炜等主编:《兴隆华侨农场专辑——兴隆华侨农场建场 60 周年献礼》，海南出版社，2011 年。

梁森奎主编:《辉煌五十年——兴隆华侨农场场史（1951—2001）》，海南出版社，2011 年。

王贵章主编:《海南乡风民俗》，南海出版公司，2011 年。

于伟慧编:《大美万宁》，海南出版社，2011 年。

何瑞玲选编:《海南华侨与海南社会——何启拔著述选》，海南出版社，2013 年。

林日举、高泽强、黄友贤、黄育琴著:《海南少数民族宗教信仰研究》，海南出版社，2015 年。

编纂始末

为全面贯彻习近平总书记、李克强总理、刘延东副总理关于地方志工作的重要讲话、批示以及第五次全国地方志工作会议精神，保护抢救、传承保存、开发利用宝贵的乡镇文化，中国地方志指导小组办公室全面启动了中国名镇志文化工程。2014 年 8 月，海南省地方志办公室选定万宁市的兴隆、琼海市的博鳌、三亚市的崖城 3 个镇作为海南省第一批编写名镇志的试点单位。9 月，省地方志办公室主任毛志华带队到兴隆进行现场办公，与万宁市常委会委员卓林梅、兴隆华侨旅游经济区书记冯炜、兴隆华侨旅游经济区管委会主任林志飞和市史志办人员等一起召开编修名镇志座谈会，就启动编修《中国名镇志丛书·兴隆华侨旅游经济区志》的可行性进行探讨，并达成启动编修《中国名镇志丛书·兴隆华侨旅游经济区志》的一致意见，为编修好名镇志打下良好的基础。

兴隆是归侨集居地，经济发达，侨乡文化特别丰富，在国内外享有较高的知名度，兴隆咖啡、兴隆温泉等闻名海内外。万宁市委、市政府和兴隆华侨旅游经济区（兴隆华侨农场）高度重视《中国名镇志丛书·兴隆华侨旅游经济区志》的编纂工作，2015 年 4 月，兴隆华侨旅游经济区（兴隆华侨农场）成立机构，制定方案，安排经费，组织有关人员进行拍摄、组稿和编辑工作。经过近两年的艰苦努力，几易其稿，终于编纂成评议稿。2017 年 3 月 16 日，在兴隆召开《中国名镇志丛书·兴隆华侨旅游经济区志》评议会，省地方志办公室副主任、研究员陈波，市县指导处处长陈家传，市县指导处副处长符思权等和与会专家就《中国名镇志丛书·兴隆华侨旅游经济区志》在行文规范、语法、引文、史实、图注、内容等方面存在的问题进行了评议。评议后，根据评议意见进行了多次修改补充。此后，又请中指组专家对志稿进行多次审读指导，根据审读意见进行修改并将《兴隆镇志》名称改为《兴隆华侨旅游经济区志》。出版前由陈家传、陈星界、张进春三位同志对全书进行统稿修改。

在编写过程中，为了获得真实的史料，编写人员多次进行实地调研、走访当地老归侨、归侨子女，了解到兴隆最为珍贵的第一手历史资料。其后又召开座谈会和印发征求意见稿形式，广泛听取和征询各方意见，深入到各旅游景点、宾馆、咖啡一条街、学校等地，进行实地拍摄和收集相关资料。此外，为了史料的翔实和完整性，编辑人员还先后到海南省图书馆、海南省博物馆及兴隆华侨农场展览馆查阅资料，为本志的编写提供了可靠的依据和丰富的原始素材。本志充分利用地方志体裁的独特优势，留住兴隆的乡音、乡思、乡风，保留住兴隆的乡土文化记忆，传承和抢救兴隆的乡土历史文化，让兴隆乃至全世界的华侨们“望得见山、看得见水、记得住乡愁”，展示出兴隆的个体特色发展的脉络及改革开放的丰硕成果。

本志编辑出版过程中得到海南省地方志办公室、中共万宁市委史志办、兴隆区工委的大力支持，为本志顺利编纂出版提供了有力的保障。在即将付梓之际，我们衷心感谢为保护、抢救、挖掘兴隆的地方乡土文化做出贡献的各级政府和社会各界人士。尤其是省地方志办公室、万宁市委宣传部、万宁旅居人摄影协会和毛志华、陈波、王丹林、陈家传、符思权、陈星界等同志在编纂过程中的鼎力支持与无私的帮助，并为此提出大量的意见及摄影图片，在此深表谢意。

由于编纂本书的任务重、时间紧，编者的水平有限，书中或有错漏之处，敬请各界方家，多加批评指正！

编　者

2017 年 12 月